생채기 없는 자작나무는 없다

홍 목사의 두 번째 잡기장
생채기 없는 자작나무는 없다

2019년 5월 21일 초판 1쇄 인쇄일
2019년 5월 28일 초판 1쇄 발행일

지은이 ㅣ 홍길복
펴낸이 ㅣ 김영호
펴낸곳 ㅣ 도서출판 동연
편 집 ㅣ 최세희
등 록 ㅣ 제1-1383(1992. 6. 12)
주 소 ㅣ 서울 마포구 월드컵로 163-3
블로그 ㅣ https://blog.naver.com/dong-yeon-press
이메일 ㅣ h-4321@daum.net
전 화 ㅣ 02-335-2630
팩 스 ㅣ 02-335-2640

ⓒ홍길복, 2019. Printed in Seoul, Korea

ISBN ㅣ 978-89-6447-509-6 03040

홍 목사의 두 번째 잡기장

생채기 없는
자작나무는 없다

홍길복 지음

동연

쓰레기 속에서도 뭔가 눈여겨볼 것이 있으려나?

2년 전 이맘때쯤 인생과 신앙의 길을 함께 걸어가는 후배 최광열 목사님이 저에게서 가지고 간 공책들을 가지고 〈홍 목사의 잡기장〉을 만들었다고 하면서 머리글을 보내달라고 했는데 이번에도 그 쓰레기 수거 작업을 마무리하셨는지 똑같은 부탁을 해 오셨습니다.

다른 곳과 마찬가지로 저희 아파트의 지하층에도 쓰레기통들이 있습니다. 빨간 뚜껑의 통에는 음식물이나 먼지를 비롯한 일반 쓰레기를 버립니다. 그리고 노란 뚜껑의 통에는 종이나 상자, 병이나 플라스틱 같은 재활용 쓰레기를 버립니다. 부족한 사람이 살아오면서 갈겨 써 온 글들은 바로 이런 쓰레기 같은 것들에 지나지 않는 것들입니다. 최

목사님이 정리 정돈하여 〈잡기장〉이라는 이름으로 다듬어
주셨던 거지요. 그런데 그때 그 책을 들쳐본 이들 중에서는
"그냥 잡기장인줄 알았는데 철학이고 종교네요"라고 말씀
하시면서 칭찬과 격려의 메일을 보내주신 분도, 신문에 서
평을 써주신 분도, 그 볼품없는 잡기장 한 권에 천 불을 지
불하여 북녘 어린이들에게 약품을 보내게 해주신 분도 계
셨습니다. 참 고맙고 기분 좋은 일들이었습니다. 그래서 그
런지 이번 두 번째 잡기장은 노란색 재활용 쓰레기통처럼
노란 뚜껑으로 커버를 만들고 싶다는 욕심이 생겼습니다.
쓸만한 재활용품을 담는 노란 쓰레기통처럼 이 책에 쓸만
한 이야기들이 있으면 좋겠습니다.

어리석은 저는 아직 접하지도 못한 이 두 번째 잡기장의
머리글 앞에 두고 혹시 이번 쓰레기통에도 뭔가 눈여겨볼
것이 있으려나, 하면서 기대를 하게 됩니다. 바보들이 하는
착각을 저 역시 가지고 있는 것이지요. 기대를 해보아도 쓰
레기는 쓰레기일 뿐일 텐데 말입니다. 저 같은 사람이 이곳
저곳에서 읽고 들은 이야기들은 아무리 잘 다듬은들 그것
이 무슨 파스칼의 '팡세'나, 몽테뉴의 '수상록'이나, 톨스토
이의 '참회록'으로 둔갑을 하겠습니까?

이 두 번째 쓰레기통을 정리해주신 환경미화원 최 목사님은 전에 『문화혁명을 이긴 한국인 신철』을 엮어내면서도 자신은 그늘 속에 가두어 두었던 분입니다. 한 시대를 겸손과 정직함으로 살아가려고 몸부림치는 그가 후배이지만 선배처럼 보이는 이유는 바로 그런 데 있습니다.

2019년 3월

시드니에서

홍길복

차례

목사의 전통 • 기도 • 목사가 되고 나니 • 신앙과 이성 • 신과 악마 • 기도보다 먼저 할 일 • 신비 • 바벨탑 이야기 • 부정직한 인간들 • 진리에 이르는 의심 • 수단화된 봉사 • 다 알고 있다 • 교사불여졸성 • 위선 • 하나님이 지실 것 같다 • 순종 • 마귀를 물리치려면 • 행복한 교회? • 꿈을 바꾸다 • 참회 • 착각 • 죽지 않고서는 못 한다 • 이미 지나갔다 • 무너질 교회 • 세월호, 거기에는 • 천박한 인간 • 없어도 되는 것들 • 이민자 • 소리 • 식어가는 열정 • 몸 • 그 너머

인간 • 똥 밟았네! • 기억과 경험 • 그리스의 부활절 • 김 장로님 집에서 • 머니머니 • 손녀의 그림 • 지은이네 집 • 우울하게 하는 책 • 눈 • 좋은 글 • 독자의 주권 • 스승과 제자 • 효율 • 성품의 차이 • 공공의 이익을 위해서 • 공공의 유익이라는 명분으로 • 버려지는 음식물 • 맹모와 한석봉 어머니 • 의사와 장(匠) • 봉생마중 • 식물인간 • 죽은 자들의 역할 • 죽음의 권리 • 낙태 • 모태가 도구화된다면 • 무시당하는 존엄 • 또 다른 경멸

제1장

하나님 앞에서

참 신은 인간에게 자유를 준다.
거짓 신은 인간에게 공포를 준다.

희생

거룩함이나 희생 같은 것은 근본적으로 인간성과 반대되는 것이다. 인간은 그 누구도 거룩할 수 없고 자신을 희생시켜 남을 살릴 수 없는 존재이다. 그런데 순교자들을 포함하여 성자들도 있고 가끔은 자신을 완전히 희생시켜 남을 살리는 이들도 있다.

그것은 무엇인가? 그것은 그런 사람들—지극히 인간적인 인간들, 그래서 거룩할 수도 없고 희생할 수도 없는 보통 인간성을 지닌 사람—을 통하여 하나님이 역사하신 것이다.

그러므로 우리는 성스러운 인간을 보는 것이 아니라 더러운 인간성 속에서 거룩한 일을 하신 하나님을 본다. 자기 희생적인 인간을 보는 것이 아니라 이기적인 한 인간을 이용하여 자신을 희생하신 하나님의 역사를 보는 것이다.

진리가 하나님이라고?

나는 평생 동안 '예수가 곧 진리다', '하나님이 곧 진리다'라고 믿고 가르쳐 왔다. 그런데 뉴델리 간디 기념관 입구에는 "진리가 하나님이다Truth is God"라고 써있다고 한다.

충격이다.

인간과 신이 만나는 것

나는 늘 신비하고 황홀하고 거룩한 영적 세계를 그리워하고 사모하고 경험하려고 애쓰는 인간성을 지닌 인간이다. 그런데 하나님은 끊임없이 아파하고 고민하며 고통스러워하는 육신적, 인간적 세계를 찾아오시는, 신성을 지닌 신이시다.

어디서 어떻게 우리 둘은 만날 수가 있을까? 인간은 가끔 영적 체험을 해도 여전히 인간이고, 하나님 역시 가끔 인간적 체험을 해도 여전히 하나님이다.

속내

하나님은 자기를 찬양하는 자에게 복을 준다. 권력자는 자기에게 충성하는 자, 배신하지 않는 자를 끝까지 버리지 않는다. 개는 자기에게 먹이를 주는 자에게 목숨까지 바친다. 여자는 자기를 사랑하는 자에게 모든 것을 다 바친다. 남자는 자기를 인정해주고 알아보는 자에게 생명까지 바친다. 하나님이고 짐승이고 인간이고 세상에 존재하는 모든 것은 자기한테 잘 해주는 자를 좋아한다.

그런데 가만히 속내를 들여다보니 하나님을 찬양하는 자는 하나님을 위해서 하나님을 찬양하는 것이 아니라 자기 자신을 위해서 하나님을 찬양하고, 권력자에게 충성하는 자도, 먹을 것을 주는 주인에게 목숨을 바치는 동물도, 자기를 사랑하는 남자에게 모든 것을 다 주는 여인도, 자기를 인정해주고 알아주는 이에게 생명까지 바치는 남자도 결국은 다 자기 자신을 위해서 그 일, 그 짓을 하는 것이 아닐까?

우주적 하나님

데스몬드 투투Desmond Tutu는 "하나님은 크리스천이 아니다"라고 했다. 다들 말없이 조용히 계신 우주의 신을 모두 다 제각기 자기편으로 끌어들이느라 안달이다. 기독교인들, 유대교인들, 무슬림들 모두 다 하나님은 자기들의 하나님이라고 떠들어댄다.

하나님은 나의 하나님이 아니라 우리들의 하나님이시다. 하나님은 미국인의 하나님이 아니라 세계인의 하나님이시다. 하나님은 지구인의 하나님이 아니라 우주 만물의 하나님이시다. 미국 교회는 십자가 옆에 성조기를 세워놓고, 영국 교회는 십자가 옆에 영국 국기를 세워놓고, 호주나 뉴질랜드 교회도 십자가 깃발 옆에 그들의 국기를 세워놓고 찬송 부르고 기도를 바친다.

우주적 하나님인가? 자기들의 부족신인가?

예수는 인문학자다

예수는 우리로 하여금 하나님을 두려워하지 말고 하나님을 사랑하고, 하나님과 함께 살아가도록 말씀하셨다. 예수는 신학자가 아니라 인문학자이다.

문제와 답

문제도 사람이고 답도 역시 사람이다. 사람이 절망도 주고, 사람이 희망도 준다. 하나님은 보이지 않고 사람은 늘 내 앞에 있다. 하나님이 사람이고, 사람이 또 하나님이다. 그래서 문제도 하나님이고, 답도 역시 하나님이다. 하나님이 절망도 주고 하나님이 희망도 준다.

천의 얼굴 예수

세상에는 예수를 모르는 사람도 없지만 예수를 아는 사람도 없다. 예수는 천의 얼굴을 가진 분이다.

예수의 좌절

예수는 자신의 비유적 언어를 자꾸만 문자 그대로 해석하려는 추종자들 때문에 좌절했다. 요한복음 4장의 사마리

아 여인의 이야기에서 물은 무엇인가?

자비가 정의를 이긴다

나는 예수의 핵심적 메시지를 '자비가 정의를 반드시 이긴다'는 것이라고 믿는다.

작을수록 좋다

동정과 자선은, 베푸는 사람과 받는 사람 사이의 인격적 접촉이 작을수록 좋다.

가난한 사람

예수에게는 죄의 문제보다 불의의 문제가 더 심각했다. 예수에게는 죄의 문제보다 가난한 사람의 고통이 더 크게 다가왔다. 우리는 신자를 중요하게 여기지만 예수는 신자가 아니라 가난한 사람을 복음의 대상자로 더 중요하게 여겼다.

시인 예수

타자의 고통 앞에서 눈물 흘리는 이는 시인이다.
예수는 시인이었다.

예수의 손길

예수는 손이 아름다운 사람이었다. 나병에 걸린 사람을
어루만졌다. 열병에 시달린 베드로의 장모 손을 잡아 일으
켰다. 물속에 잠겨가는 베드로의 손을 붙잡아 끌어올렸다.
그의 손에 닿는 곳에서는 생명이 깨어났다.

지성소

지성소란 현장이다. 노동현장, 사고현장, 죽음의 현장
이다. 지성소에 하나님이 계시다는 말은 하나님이 현장에
계시다는 말이다.

하나

하나님은 '하나 되게 하는 님'이다.

예수의 제자

갈아입을 옷이 있는 사람들은 예수의 제자가 아니다.
"두 벌 옷을 갖지 말라"고 하셨지 않은가?

예수를 따르라

예수를 믿지 마라. 예수를 존경하지 마라. 왜냐면 예수를 믿고, 예수를 존경하면 그것으로 예수에 대한 의무를 다했다고 생각하고 거기에서 만족해버리게 되기 때문이다. 그러니 예수를 믿을 것이 아니라 예수를 따르고, 예수를 존경만 할 것이 아니라 예수께서 가신 그 길을 따라가야 한다.

하나님의 현존

'하나님이 있다는 것'은 어떻게 있다는 것인가? 여기 '내가 있다', '여기 책이 있다'는 것처럼 있다는 말인가? 아니면 '여기 4.19 정신이 있다', '여기 꿈과 희망이 있다', '여기 생각이 있다'는 것처럼 있는 것인가?

하나님은 물질로 있는가? 아니면 어떤 정신으로 있는가? 나는 아직도 잘 모르겠다.

기도와 정의

하나님은 기도와 정의를 다 요구하지 않는다. 하나님은 우리가 열심히 기도하는 것과 정의를 실천하는 것 모두를 다 해야 한다고 말씀하지 않으신다. 하나님은 기도, 예배, 제사는 원치 않고 공평과 정의를 원하신다고 하셨다.

기도와 정의는 역동적이고 유기적이며 통일적이다. 구분은 되지만 분리는 되지 않는다. 동전의 양면과 같다.

은유

하나님을 아버지로 부르는 것은 은유다. 예수를 어린 양으로 부르는 것이 은유이듯이. 예수는 어린 양이 아니다.

마리아는 어린 양을 낳은 것이 아니다. 다만 예수를 어린 양 같은 분으로 보는 것이다.

거룩한 행동

쉬는 것이 거룩해지는 길이다. 안식일 준수는 거룩한 하나님을 따라 거룩해지라는 것이다. 자신과 다른 사람과 짐승과 자연까지도 안식하도록 하는 것이 곧 거룩한 행동이다.

종말론적 비전

종말론적 비전이란 '세상에 대한 하나님의 대청소'이다.

기다림

성서는 우리가 하나님의 나라를 기다리는 이야기가 아니다. 오히려 하나님이 우리를 기다리는 이야기이다.

스스로 계신 하나님

하나님은 우리를 통하여 영광을 받거나 불명예를 얻는 분이 아니다. 그렇게 되면 하나님은 인간에게 종속된다. 하나님은 스스로 계시기 때문에 아무도 하나님을 명예롭게 하거나 불명예스럽게 할 수 없다.

자신의 전능으로

예수는 누가 죽여서 죽은 것이 아니다.
예수는 자신의 전능으로 죽으신 것이다.

공동식사

사람들은 서로의 관계를 유지하고 또 그 관계를 좋게 만들기 위해서, 혹은 깨어진 관계를 회복하기 위해서 선물을 주고받거나 같이 식사를 한다. 그렇게 관계를 유지, 발전, 개선한다. 이것은 인류학의 기본 상식이다.

우리는 하나님과도 똑같은 방법으로 그 관계를 유지, 발전, 개선하려고 한다. 희생이란 하나님께 선물을 드리는 것이다. 예배란 하나님과 함께 음식을 나누는 것이다. 음식을 나누는 행위는 세상 사람들과의 공동식사로 발전하는 것이다.

예수와 함께하는 식사

성경을 풀어줄 때도 그들의 눈은 떠지지 않았다. 그러나 떡을 떼고 같이 먹고 마실 때 마침내 그들은 눈이 떠져서 예수를 알아보았다. 그게 누가복음 24장의 엠마오 이야기가 주는 핵심이다.

창조과학

빛은 1초에 약 18만 마일을 간다. 1광년에는 약 6조 마일을 간다. 마젤란성운Magellan Galaxies까지 가는 데는 약 15만 광년이 걸린다.

하나님은 저 위에 계신 분이 아니다. 하나님은 저 밖에 계신 것도 아니다. 이제 하나님에 대한 전통적 이해는 달라질 수밖에 없다. 겁먹은 종교적 신성으로 창조과학을 부르는 무식한 고함은 더 이상 먹히지 않는다.

왜?

실직한 하나님은 아무리 기도해도 전쟁에서 이기게 하지 않는다. 아무리 기도해도 폭풍이나 쓰나미를 멈추지 않는다. 아무리 기도해도 암을 고치시지 않고 죽어가는 사람들을 살리지 않으신다. 이제 하나님은 선한 일을 보상하거나 악한 일을 벌하지 않는다.

히브리인 이야기

광야에서 가나안 일곱 족속을 몰살시켰던 잔혹한 히브리인들은 20세기 중엽까지 역사 속에서 가혹한 피해를 경험했다. 애굽을 떠나 광야로 나온 히브리인들은 광야에서 살던 원주민들보다 자신들이 더욱 깨끗한 민족이라는 것을 과시할 필요가 있었다. 정결한 음식, 정결한 의복, 정결한 날, 정결한 몸을 위한 할례 규정들은 모두 자신들이 토착민들보다 깨끗하다는 사실을 알리기 위한 몸부림이다.

인격적 만남?

"저는 그때 주님을 인격적으로 만났습니다. 그때부터 저는 주님을 인격적으로 영접했습니다. 이제 주님은 인격적으로 나의 주, 나의 왕, 나의 그리스도입니다."

때때로 개인적으로든 공개적으로든 이렇게 말하는 목사들이나 교인들을 만날 때 나는 사실 무척 당황스럽다.

나는 3대째 기독교 교인이요, 목사가 된 지도 43년이나 되었고, 나이도 72세나 되었는데 이제까지 단 한 번도 예수를 인격으로 만난 적도 없고, 인격적으로 영접한 적도 없기 때문이다. 나는 그저 예수를 지적으로, 혹은 정서적, 감성적으로만 만났고 영접했을 뿐이지 인격적으로는 만남이 없었다.

가정해 본다. 만약 내가 예수를 인격으로 만나게 된다면 나는 지금까지 살아온 내 삶과 생각의 틀을 철저하게 거부하고 내가 만난 그 예수를 따라서 살 수밖에 없을 것이다. 사랑, 희생, 십자가, 죽음 같은 것들이 바로 예수를 인격적으로 만난 사람이 살아가야 할 새로운 길이라고 본다. 그래서 나는 예수를 인격적으로 만날까 봐 겁이 나고 은근히 그의 시선을 피한다. 나는 예수를 인격적으로 만나길 거부하는 사람이다.

하나님을 만나는 길

안으로 향하는 길이 위로 가는 길이다.

내면을 파고드는 사람이 결국은 하나님을 만난다.

나는 할 수 없다

『성공하는 사람들의 7가지 습관』 같은 자기계발서를 읽는 사람들은 하나님과의 관계를 정립하는 데도 승진이나 학위과정을 준비할 때와 같은 방법으로 임한다. 특정한 책을 읽고 기도와 찬송을 열심히 하고, 정기적으로 예배에 참석하고, 영적 숙제를 해야 하나님께 더 가까이 간다고 생각한다. 그러나 하나님은 그렇게 만나는 것이 아니다.

아우구스티누스Augustinus는 우리가 자기 힘으로 구원을 준비할 수 있다고 생각하면 결코 구원에 이를 수 없다고 한다. 오히려 내가 내 삶의 주인공이 되고 마는 자만의 죄까지 더 짓게 되는 것이라고 보았다. 프라이드란 무엇인가? 오만, 교만, 자기중심적, 자기를 과시하는 것이다. 그러나 자만심의 가장 큰 죄는 자기 힘과 자기 노력으로 무엇을 할 수도 있다고 생각하는 것이다. 인간 문제에 대한 해결책이 자기 자신에게서 나온다는 생각을 버려야 하나님이 가까이 오신다.

아우구스티누스의 고백은 여기서 나왔다.

"주님의 품에서 쉴 때까지 우리 영혼은 쉴 수가 없습니다."

하나님의 은총을 받는 길

하나님의 은총을 받는 길은 하나뿐이다. '나는 스스로 은총을 받을 수 있는 사람이 못되나이다'라고 고백하는 것이다. 은총에 대한 능동주의적 충동을 버려야 한다.

자선과 명예

자선은 갚을 능력이 없는 사람에게 주어지는 선물이다. 때문에 자선은 상대방의 명예를 평가절하하는 것이다. 자선은 베푸는 사람과 받는 사람을 동등한 위치로 보지 않는다. 때문에 일대일의 자선, 서로 얼굴을 아는 사이에서 이루어지는 자선은 허용되지 않는다. 예외는 받는 이가 어린아이일 때만 가능하다. 하지만 그럴 때도 중간에 월드비젼이나 굿네이버스 같은 기관이 개입하게 된다.

환대와 우정

환대와 우정은 다르다. 환대는 시민적 의무이지만 우정은 선택적이다.

기독교에 대한 의심

아렌트Hannah Arendt는 기독교적인 사랑을 의심했다. 모든 사람을 사랑하고, 원수와 죄인까지도 사랑한다는 것은 실제로는 그 대상, 그 타자를 사랑하는 것이 아니라 사랑이라는 숭고한 사랑 자체를 사랑하는 관념적인 것이라고 본 것이다.

선물

선물이란 보잘 것 없는 것이라고 화를 내서도 안 되듯이 비싸고 좋은 것이라고 지나치게 고마워해서도 안 된다. 좋은 선물이라고 지나치게 호들갑을 떠는 사람은 보잘 것 없는 선물에 대해서는 속으로 코웃음 치는 사람이다.

죄와 싸우는 방법

죄와 싸우는 가장 강력한 방법은 사랑하며 사는 것이다. 죄는 사랑의 적수가 되지 않는다.

제2장

목회 고백과 양심

숭고한 생각을 가진 자는
고독을 피할 수 없다.

위선자

　판사, 검사, 변호사들은 법을 가지고 밥 벌어먹는 사람들이다. 그들은 정의와 사랑을 위해서 일하는 사람이 아니다. 법은 강자들이 만든다. 따라서 법은 그 법을 만든 사람들에게 항상 유리하게 되어 있다. 루소Jean Jacques Rousseau는 '법은 강자의 도구다'라고 했다.

　좋은 변호사나 검사나 판사는 법 때문에 고민하는 사람들이다. 좋은 법조인은 법과 싸워야 하고, 법에 대항해야 하고, 법이 지닌 문제의식을 꿰뚫어 보고, 끊임없이 문제를 제기해야 한다.

　문제는 종교인이나 목사다. 목사인 나는 종교를 가지고 지금까지 밥 벌어먹고 온 사람이다. 종교는 종교인들의 삶의 도구이다. 종교는 목사들을 위해서 존재한다. 종교의 문제를 직시하고 종교로부터 벗어나 종교와 싸우는 종교인이 되지 않으면 난 위선자이다.

벌거벗은 기독교인

안데르센Hans Christian Andersen의 동화 '벌거벗은 임금님'이 생각난다. 사람들은 다 아는데 임금님만 모른다. 사람들은 모두 임금님이 벌거벗었다는 것을 알고 있는데 임금님만 자기가 옷을 입고 있다고 생각하고 있다. 그런데 모든 것을 보는 대로, 곧이곧대로 이야기하는 어린아이가 임금님께 말했다.

"임금님! 벌거벗으셨어요!"

기독교인들이 지금 그 꼴이다. 목사님들이 바로 그 임금님이다. 착하고, 순하고, 진실하고, 거짓말할 줄 모르는 세상은 다 알고 있는데 교회, 교인, 목사, 신부, 스님들은 자기들이 거룩한 성의를 입고 있다고 착각하고 있다.

"목사님! 벌거벗으셨어요!"

진실한 시대의 양심이 고발하는 소리가 들려온다.

하나님만 없는 교회

작가 무라카미 류Murakami Ryu는 『희망의 나라로 엑소더스』에서 '이 나라에는 모든 것이 다 있습니다. 그러나 희망만은 없습니다'라 말한다. 한국교회도 모든 것이 다 있다. 건물, 교인, 목사, 찬양, 기도, 말씀, 전도, 선교, 섬김, 친교, 교육 그리고 물질까지 차고 넘친다.

다만 하나님만 없을 뿐이다.

교황과 교회

아마도 프란치스코Francis, Jorge Mario Bergoglio 교황이 죽을 때까지 하는 교황직이 아니라 임기가 있는 교황직을 생각하는 것 같다. 그는 앞으로 2~3년 안에 퇴임을 고려한다고 말했다.

참 훌륭하다. 참으로 많은 사람들에게 큰 교훈을 준다. 교회가 새로워지는 길이 조금 보이는 듯하다.

교회 간판

교회당 간판 옆에다 이런 글을 써 붙이면 어떨까?

"사람은 한번 태어나서 늙고, 병들고, 반드시 죽는다."

한 영혼을 사랑한다고 쓰는 것보다 훨씬 더 사실적이지 않을까?

누가 원수인가?

기독교에서는 '원수를 사랑하라'고 한다. 불교에서는 '본래 원수란 없다. 원수가 있어서도 안 된다'고 한다. 현실에서는 보면 원수는 있다. 있는 데도 없다고 말하는 것은 속임수다.

그러나 원수란 무엇인가? 누가 원수인가? 내 원수는 내가 아닌가? 원수를 사랑한다는 것은 내가 나를 용서하는 것이 아닐까? 불교는 근본, 원리, 본질을 묻는다. 그래서 심오하다. 기독교는 현실적 처방을 제시한다. 실용성이 적기는 해도 퍽 실제적이다.

니체 '신은 죽었다'

교회 다니는 사람들이 모두 하나님을 믿는 것은 아니다. 마찬가지로 교회 안 다니는 사람들이 모두 다 무신론자도 아니다. 교회 다니는 사람들을 잘 살펴보면 그냥 자신의 행복을 위해서, 마음의 평안을 위해서, 사람들을 만나고 사귀기 위해서, 혹은 어떤 이해관계가 있어서 교회에 다니는 것이다.

교회에 다니는 사람들은 많지만 진실로 하나님을 두려워하는 사람들은 많지 않다. 이것이 세속화의 특징이다. 계몽주의 시대에 사람들이 인간 이성을 절대적으로 신뢰하게 되었다는 것은 하나님에 대한 믿음이 상실되었다는 뜻이다.

니체Friedrich Wilhelm Nietzsche는 '분위기에 따라서 믿는 신'은 죽었다고 선언한다. 주체적이고 분명한 신앙이 있어서 하나님을 믿는 사람들이 눈에 띄지 않으니까 그런 식으로 습관이나 분위기에 따라 확신 없이 믿는 신은 죽은 것이라고 본 것이다.

또 다른 교회

은퇴한 목사가 다시 교회를 세운다면 모두 나쁘다고 하겠지? 그런데 내가 사실은 교회 하나를 새로 시작하고 싶다. 그 교회는 '교회를 싫어하는 사람들을 위한 교회'다.

스타벅스와 교회

스타벅스를 오늘날의 성공적인 커피 체인점으로 만든 사람은 하워드 슐츠Howard Schultz다. 그는 말했다.

"스타벅스는 무엇입니까? 커피라고 하는 음료수를 파는 곳입니까? 아닙니다. 스타벅스는 도심 속에 있는 오아시스입니다. 오아시스는 쉼이 있는 곳입니다. 스타벅스는 안식, 편안함, 대화, 음악, 공연, 문화를 즐길 수 있는 사랑방입니다."

교회란 무엇인가? 학교란 무엇인가? 가정이란 무엇인가? 국가란 무엇인가? 새로운 정의가 필요하다.

크리스천이 된다는 것, 크리스천으로 살아간다는 것. 그것은 될 수도 없고 할 수도 없는 것을 인생의 목표로 정하고 사는 것이다. 날마다 실패하면서도 죽을 때까지 그것이 내가 가야 할 길이고 우리가 바라보아야 할 목표라고 말하면서, 노력도 하고 절망도 하면서 걸어가는 것이다. 될 수도 없고 할 수도 없는 것, 신을 향해 걷는 것, 신이 하신 일을 하는 것. 이것이 신앙인의 길이다.

그러니 나는 엉터리다.

기회주의자

프랑스의 가수 자크 뒤트롱Jacques Dutronc의 노래 '기회주의자'에 나오는 가사다.

"나는 공산주의에 찬성이오. 나는 사회주의에도 찬성이오. 그리고 나는 자본주의에도 찬성이오. 왜냐하면 나는 기회주의자니까요."

정치적 신념이 없는 정치가들이 넘친다. 종교적 신앙이 없는 종교인들도 부지기수이다. 교육적 철학이 없는 학자들이 허다하다. 나는 누구인가? 진정 나는 예수를 믿고 예수처럼 살고자 하는 크리스천인가?

감사

맑고 따스한 날에도 감사하지만 흐리고 추운 날에도 감사하리라. 행복하고 즐거운 날에도 감사하지만 슬프고 아픈 날에도 감사하리라. 칭찬받고 흐뭇한 날에도 감사하지만 욕먹고 우울한 날에도 감사하리라. 비 오는 날, 아픈 날, 비난받는 날, 그때도 감사할 줄 아는 사람이 진정 하나님을 믿는 사람이니까.

묘비명

내 무덤의 묘비, 혹은 화장한 재의 작은 상자에는 다음과 같이 써주길 부탁한다.

"이민자 예수님을 따라 호주에 와서 예수님을 이민자라고 믿고 설교해온 홍길복 목사가 이민자 예수님을 만나러 길을 떠난다."

극소수

옛날엔 그래도 국가와 민족을 위해서 정치를 한 사람들이 조금은 있었다. 옛날엔 인간의 구원과 평화를 위해서 목회자가 된 사람들이 조금은 있었다. 옛날엔 그래도 학생들을 사랑한 교육자들, 진리를 추구하고 학문을 좋아한 학자들, 사회적 정의를 위해서 글을 쓴 문인들과 언론인들이 조금은 있었다.

그러나 지금은 없다. 아무도 없다. 우선 내가 인간의 영혼과 구원과 진리를 위해서 목회한 목사인가? 아니다! 나, 너, 우리 모두가 다 자신의 안위, 자신의 명예를 위해서, 잘 먹고 잘 살기 위해서 정치도 하고, 목회도 하고, 교육도 한다. 지금이라고 해서 그런 사람들이 아주 없거나, 하나도 없기야 하겠느냐마는 그래도 그런 사람들은 너무 소수이다.

문제는 나다. 늙어가는 내가 참 불쌍하다.

소용없다

구멍이 난 타이어에는 아무리 바람을 넣어도 소용없다. 기본이 망가진 사람은 아무리 성령의 바람을 불어넣어도 소용없다.

알면서도

선하다는 것이 무슨 의미인지 알고 있지만 항상 선하게 살지는 못한다. 성경이 죄를 책망하는 것은 알면서도 아는 대로 살지 못하는 존재라는 사실을 인정하라는 뜻이다.

부자들이 싫어하는 종교

"부자가 하나님 나라에 들어가는 것보다 낙타가 바늘귀로 빠져나가는 것이 더 쉽습니다."

이 말씀은 세상의 부자들이 가장 싫어하는 성경 구절이다. 부자들이 가장 싫어해야 마땅할 종교가 기독교다. 그러나 대한민국 어느 부자가 그렇게 생각하는가? 교회에서 부자들이 수모를 겪는다고 생각하는 사람들이 과연 있기나 할까? 부자들이 교회에서 쥐 죽은 듯이 근신하는 풍경을 본 적이 있는가? 신약성서를 다 뒤져도 부자가 복을 받는다는 구절은 하나도 없다.

옛날이나 지금이나 부자는 천국 가기가 어렵고, 요즘은 가난한 사람이 교회 가기가 어렵다.

간사함

사람의 간사함에 놀라고, 그 간사한 사람이 바로 나와 같은 목사라는 사실에 경악했다.

오늘의 교회

오늘의 교회,
기둥이 기울고 서까래가 삭았다.

거짓 선지자

나는 거짓 선지자다.
양을 지키는 목사가 양을 잡아먹는 이리가 되었다.

구원과 축복

구원은 아무나 받아도
축복은 아무나 받을 수 없다.

지옥

만약 신이 내가 그런 방식으로 믿지 않는다 하여 지옥행
을 선고한다면 나는 기꺼이 지옥에 가겠다.

양자택일

구도자냐? 종교 상인이냐?
양자택일하라

떠남과 따름

청찬을 구하는 이는 실망을 추수하게 된다.
신앙은 '떠남'과 '따름' 사이에서 형성된다.

필요한 순간에만

'필요해?' 난 언제나 그걸 먼저 묻는다.

그리고 '필요하면' 마주한다.

아들은 본 조비Bon Jovi의 힙합 리듬에 맞춰 신나게 덩실거리는데 나는 어느덧 가사를 신학적으로 분석하고 있다.

'무소유'를 능가하면

목사들이 지은 책들이 법정 스님의 '무소유'를 능가할 때 이 땅에는 비로소 기독교 교양이 개화되고 기독교 신앙은 성숙하게 뿌리내릴 것이다.

반성

가짜 희망, 유사 희망을 팔아온 내가 아닌가?

지금까지의 내 목회와 설교는 다 표절이다.

잡음

주파수를 맞추면 잡음은 사라진다.

일요일

일요일에만 살아계시는 하나님!

나의 의무

나는 그렇게 할 수 있는 힘이나 능력, 자격이나 가능성이 없지만, 그래도 목사로서 양심이 깨어있어야 하는 한 시대의 사람이다. 때문에 편안하게 사는 사람들에게 불편하게 살아야 한다고 말해주고, 불편하게 사는 사람들은 좀 편안하게 살 수 있게 해드려야 한다고 계속 말이라도 해야 한다.

흑인들의 찬양

"주님, 내 앞을 가로막고 있는 험한 산 사라져 없어지게 마소서.
오히려 그 힘든 고개 끝까지 잘 올라서 넘어가도록 힘과 능력을 주시옵소서. 주님, 우리 앞에 놓여있는 암벽 앞에서 이것 치워 달라고 떼쓰지 않게 하소서. 오히려 시간은 걸리고 다리는 아파 도 잘 돌아서 가도록 용기와 담력과 지혜를 주시라고 간구하게 하소서."

요세미티계곡Yosemite Valley으로 가는 관광버스 안에서 흑인들이 부르는 찬양 내용이다.

상관없이

내 직업은 목사다. 목사의 일 중 가장 큰 부분은 말씀을 전하는 것, 곧 설교를 준비하고 설교하는 일이다. 나는 새 벽기도만 수천 명이 모이는 서울의 명성교회에서도 설교를 해본 적이 있고, 주일 예배에 수천 명이 모인 L.A. 동양선교 교회에서도 설교해본 적이 있다. 또 서울의 소망교회에서 도 설교해본 적이 있다. 모두 사람들이 많이 모이는 큰 교 회다. 그러나 나는 보통 십여 명 모이는 우리 은퇴 목사 예 배에서도 설교하고, 교인이 몇 십 명 모이는 작은 교회에서 도 설교한다.

나는 사람이 수천 명 모이는 큰 교회나 십여 명 정도 모이는 작은 교회에서나 똑같이 설교를 준비한다. 똑같은 마음과 자세를 가지고 설교한다. 나는 큰 교회에서 설교한다고 해서 더 많이 준비하거나 더 크게 긴장하고 더 진지하게 하지 않는다. 동시에 나는 아주 작은 예배 모임에서 설교할 때도 최선을 다하여 말씀을 준비하고 긴장된 마음, 진지한 태도로 말씀을 전한다. 그 어떤 외부의 환경도 내 설교의 기본적 원칙과 태도를 바꾸지 못한다.

좋은 선생은 만 명의 학생 앞에서나 두어 명의 학생들 앞에서나 똑같이 가르친다. 위대한 지휘자는 베를린 필하모니Berlin Philharmonic에서나 시골 학교의 작은 교실에서나 똑같이 가르치고 지휘한다. 교인이 많거나 적거나 그 수에 상관없이 최선을 다하여 하나님의 말씀을 전하고 가르친다.

모르는 것이 많다

나는 아직도 모르는 것이 아는 것보다 훨씬 많다. 나는 예수를 믿기만 하면 천당에 가는 것인지, 믿는 것만 가지고서는 부족한 것인지 모른다. 나는 하나님이 전지전능하시다는 말도 글자 그대로는 잘 이해가 안 된다. 전지전능하신 하나님이라면 왜 이 세상에는 악이 있고 불의가 있고 미움이 있는지를 잘 알 수가 없다. 나는 목사이지만 모르는 것이 참 많다.

사람 되기 어렵다

사람 되기는 너무 힘들고 어려워서 우선 쉬운 목사부터 되고 나면 사람이 되는 데 많이 도움이 될 줄 알았다. 그래서 40년도 더 오래전에 목사부터 되었는데, 웬걸, 사람 되는 데 도움이 되기는커녕 오히려 나의 나 됨에 더 걸림돌이 되어 사람이 되어보려고 하는 작은 바람을 방해하고 말았다.

용감하게 이 목사직을 지금이라도 반납을 하면 정직한 인간이 되는 데 약간은 도움이 될 텐데 이 또한 비겁하고 용기가 없어서 내버리지 못하고 그냥 걸치고 있는 내가 아닌가? 부끄럽다. 그리고 한심하다.

성지

성경에서 언급된, 거룩하다고 일컬어지는 땅과 바다, 강과 도시들을 성지라고 한다. 내가 지금 사는 이 땅, 이 도시, 이 상황도 또 하나의 성지가 아닌가? 그래서 나는 성지를 특정한 몇몇에 한정하는 것에 반대한다.

성인

성인은 가톨릭에서 말하는 순교자가 아니다. 성인은 우주 바깥 세계를 인정하지만 설명하지 않는다. 성인은 우주 안에 대해서 설명하지만 논쟁하지 않는다. 성인은 지난 역사에 대해서 논쟁하지만 옳다고 우기지는 않는다. 성인은 분별하면서 분별하지 않고, 논쟁하면서 논쟁하지 않는다. 왜 그런가? 성인은 모든 것을 마음에 품기 때문이다.

성령 이식

심장이식에서 성령 이식으로!

신적 칵테일

우리는 자신의 신학적 입맛에 따라 많은 폭력적 요소들과 또 많은 비폭력적 요소들을 뒤섞어서 신적 칵테일을 만든다.

목사들의 요구사항

예배당에 들어갈 때는 믿음, 곧 단순무식한 믿음만 가지고 들어가야 한다. 생각, 이성, 고민, 질문, 회의 같은 것들은 반드시 예배당 주차장에다 주차를 시켜놓고 들어가야 한다. 이것이 목사님들의 요구사항이다.

인간을 위한 신

신은 그 신을 믿는 존재의 한계를 넘어서지 못한다. '만약 말馬들에게 신이 있다면 그 신은 말을 닮았을 것이다'는 서양의 속담이 그것을 나타낸다. 인간들의 신은 인간을 닮았다. 유대인들이 믿는 신은 유대인들을 편들어주고, 미국인들이 믿는 신은 미국인들의 편에 서 있다. 영국 국가나 미국 국가를 보면 안다.

성경으로 바꾼 땅

북미 원주민들은 말한다.

"처음 유럽인들이 왔을 때 우리에게는 땅이 있었고 그들에게는
성경이 있었는데 우리는 그들이 가르쳐준 대로 눈을 감고 기도
를 드렸다. 기도를 마치고 나니 우리 손에는 성경이 들려 있고,
그들 손에는 이 땅의 토지 문서가 들려 있었다."

비슷한 이야기가 남아프리카공화국에도 있다.

"처음 우리에게는 다이아몬드가 있었고 그들에게는 성경이 있
었다. 그런데 그들이 예배당을 짓고 우리를 그곳으로 불러 모은
뒤부터는 우리에게는 성경이 들려졌고 그들에게는 다이아몬드
가 있게 되었다."

이것은 호주 어보리진Australian Aborigine들에게도 똑같
이 벌어진 현상이다. 뉴질랜드의 마오리족Maori에게도 동
일하다.

예언자와 목사의 전통

예언자들은 보통 실패한다. 목사들도 보통은 실패한다. 그것은 전통이다. 예언자들은 보통 추방되거나 살해당했다. 그러나 목사들은 추방당하거나 살해당하지 않는다. 이것은 어긋난 전통이다.

기도

기도란 다른 사람들의 고통과 기쁨으로 들어가는 일이다. 기도란 인간 사회의 정의를 위한 투쟁이다. 기도란 행동하는 것이다. 기도란 책임 있는 존재가 되는 것이다.

목사가 되고 나니

그렇다. 목사가 되고 나니 '이렇게도 사랑과 신뢰, 존경과 기쁨, 슬픔과 아픔을 함께 할 수 있구나' 싶은 행복한 순간들도 있었으나 동시에 목사가 되고 나니 '아! 이렇게도 미움 받고 의심받고 거리감이 생기고 인간관계뿐만이 아니라 하나님과의 관계까지도 직업적, 상업적이 되어 가는구나' 하는 슬픔이 있었다.

신앙과 이성

이 세상과 싸우는 데는 무기가 있어야 한다. 하나는 신앙이고 다른 하나는 이성이다. 신앙으로 싸우거나 이성으로 싸우는 것이다. 신앙과 이성, 즉 신앙인과 지성인은 서로 싸워서 자중지란을 일으키지 말고 서로 지혜와 믿음으로 결속하여 이 세상과 싸워야 한다. 신앙인과 지성인들에게는 똑같이 돈도 없고 조직도 없고 군대도 총도 칼도 없다. 촘스키Noam Chomsky 같은 이에게는 이성이 있다. 크로산 John Dominic Crossan이나 스퐁Bishop John Shelby Spong 같은 이에게는 신앙이 있다.

신과 악마

신을 믿으면 마귀도 믿어야 한다.

마귀를 믿지 않으면 신도 믿지 않게 된다.

기도보다 먼저 할 일

귀가 어두워진 우리 어머니를 위해서는 기도가 중요한 것이 아니라 보청기가 필요하다.

신비

신비가 사라진 시대는 불안하다. 모든 것을 기술로 해결하려는 곳은 마귀가 활동하기 좋은 자리이다. 마귀가 우리를 신비한 세계로 안내하는 역할을 하기 때문이다.

바벨탑 이야기

창세기 11장에 나오는 바벨탑 이야기에서 하나님이 화를 내신 이유가 무엇일까? 첫째는 하나님과의 소통을 기술(건축기술, 기계공학)로 해결하려고 한 때문이다. 신과의 소통은 기술적 문제가 아니라 영적 문제이다. 둘째는 인간끼리도 아직 소통을 못하고 있으면서도 감히 초월자와 소통하고 싶어 하는 과욕 때문이었다.

부정직한 인간들

그 누구도 자신의 삶에 대해 정직한 사람은 없다. 자기는 전혀 그렇게 살지 못하면서도 근엄한 얼굴로 다른 사람들을 꾸짖고 훈계하고 계몽시키려고 하는 일을 직업으로 삼고 있는 종교 전업가들은 정말로 부정직한 인간들이다.

진리에 이르는 의심

성스러움을 향하여 가는 길은 모든 것에 대해 의문을 가지므로 시작된다. 신앙의 깊이와 상관없이 의심은 항상 우리 마음 한가운데 자리하고 있다. 의심은 진리에 이르는 길이다. 마더 테레사Mother Teresa of Calcutta도 늘 신앙에 회의가 있었다고 말한다.

모든 의심 중에서 가장 중요한 의심은 자기 자신에 대한 의문이다. 가장 진지해야 할 의심, 곧 자아에 대한 의심을 제쳐놓고 다른 것에 대해 의심하는 것은 바른 의심의 길이 아니다. 진리로 가는 의심은 자아를 의심의 대상으로 삼을 때에만 좋은 의심, 바른 의심이 된다.

수단화된 봉사

"내가 기부를 하는 것은 내가 행복해지기 위해서이다."

연예인 김제동의 말이다.

선행이란 타자를 위한 것이 아니라 자신을 위한 것이다. 유명인들이 봉사 활동을 하는 것은 자신의 능력을 과시함으로 자신들이나 자신들이 속한 집단의 나쁜 이미지를 개선하려는 목적도 있을 것이다. 그들은 이미지 개선을 위해서 기부도 하고, 노숙자들에게 급식도 하고 또 해외 선교도 나간다. 자기를 과시하고 칭찬받고 자기 만족감을 얻기 위해서 다른 사람을 먹이고 안아주고 봉사한다. 혜택을 받은 사람이 수혜자가 되고 혜택을 베푼 사람이 시혜자가 아니라는 말이다.

그리스도인들은 베푸는 것도 욕망으로 베푼다. 그들은 기도나 섬김도 자신들의 욕구 추구의 수단으로 쓴다.

다 알고 있다

무욕無欲, 무사無私를 위해서는 모든 사람이 다 알고 있다는 사실을 알아야 한다. 다른 사람이 나보다 현명하고,

타자의 시선이 내 눈보다 더 정확하다고 인정해야 한다.

교단 위에 서 있는 선생보다는 교단 아래 있는 학생들이 선생의 일거수일투족을 더 잘 보고 있다. 설교도 마찬가지다. 설교하는 사람보다는 설교를 듣는 사람이 더 유리한 위치에 자리를 잡고 있다. 언제나 집단적 타자인 대중은 모든 것을 알고 있다. 대중은 현명하다. 대중은 결코 속일 수가 없다. 겸손해야 할 이유는 바로 '나만 모르지, 다른 사람들은 다 알고 있다'는 사실 때문이다.

교사불여졸성

교사불여졸성巧詐不如拙誠, 교묘하게 남의 눈을 속이는 것보다 옹졸한 성심이 낫다는 뜻이다. 교사巧詐와 졸성拙誠은 대비한다. 아무리 교묘하게 꾸며도 결국은 본색이 드러난다. 거짓으로 꾸미는 자들은 항상 다른 사람은 그걸 모른다고 생각한다.

정치든 경제든 교육이든 목회든 예술이든 그 무엇이든 결정적으로 중요한 것은 진실이다. 졸하게 보여도, 더듬거리고, 거칠고, 깨끗하지 못해도 진실하게 행하는 자는 교묘

한 자를 이겨낸다.

나는 진실한 설교자인가?

나는 영혼이 담긴 설교를 하고 있는가?

위선

도로시 데이Dorothy Day나 마더 테레사 같은 이들은 가
난한 사람들을 돕는 일로 출퇴근을 한 사람이 아니다. 아침
에 빈민구제소로 출근했다가 저녁에는 퇴근하여 자신의 편
안한 처소에서 잠을 잔 사람들이 아니다. 월요일에 출근해
서 토요일엔 집으로 돌아간 사람들이 아니다. 그들은 출근
할 곳도 없고 퇴근할 곳도 없었다. 그들이 살던 자리 자체
가 곧 그들이 일하던 자리였다.

대부분의 구제 사업이나 선교 사업이나 봉사 사업이란
모두 다 출퇴근이 있는 일이다. 찾아가는 날짜와 시간, 장
소가 있고 집으로 다시 되돌아가는 날짜와 시간과 장소가
있다. 그래서 그것은 그들의 직장이 된다. 그들의 역점사업
이 된다. 사랑이나 구제나 선교나 봉사가 사업인 사람들은
사업가일 뿐이다. 이들 구제, 선교, 봉사 사업가들은 자기

들이 하는 일에 대해 뿌듯함과 보람, 혹은 자신의 기쁨과 심리적 우월감을 갖고 있다. 그것은 구제와 희생, 사랑과 나눔, 선교와 구원을 모독하는 위선이다. 모든 선교사들과 사회사업가들은 사랑과 구제, 전도와 선교의 출퇴근 직장인들이다. 그런데 예수는 그걸 원하지 않으신다.

하나님이 지실 것 같다

양심의 힘이 더 셀까?

탐욕의 힘이 더 셀까?

하나님의 힘이 더 셀까?

우리 인간의 힘이 더 셀까?

아무래도 하나님이 지실 것 같다.

순종

삶의 의미와 구원은 우리가 항복의 백기를 올릴 때 얻어지는 것이다. 그것을 성경은 순종, 복종이라고 한다. 목사님 말 잘 들으라는 것이 아니고 '하나님 나는 항복합니다'라고 고백하는 것이 진정한 순종이다.

마귀를 물리치려면

성공한 사람들과 함께 기뻐하는 교회가 아니라 실패한 사람들과 끝까지 동행하는 교회가 될 수만 있다면 마귀의 세력은 서서히 물러갈 것이다.

행복한 교회?

항상 행복하다고 말하는 사람들은 우리를 슬프게 한다. 우리 교회는 행복하다고 말하는 교회는 우리를 눈물 나게 한다. 우리가 진정 눈을 똑바로 뜨고, 진리를 바라본다면 세상은 도저히 행복할 수가 없다. 행복에 젖은 교회가 있어서는 안 된다.

꿈을 바꾸다

신앙이란 꿈을 이루는 도구가 아니라 꿈을 바꿔주는 지

혜이다. 요셉은 꿈을 이룬 사람이 아니다. 꿈을 바꾼 사람이다. 그는 개인적 욕망을 달성한 사람이 아니라 한 공동체를 구원해낸 사람이다.

참회

참회는 가해자에게만 요구되는 것이 아니라 피해자에게도 요구된다. 참회의 기회도 없이 용서해주는 것은 잘못된 것이다. 적어도 가해자가 회개할 기회는 주어야 한다. 피해자가 한없이 넓은 마음으로 그냥 용서를 선언하는 것은 위선이다.

완전한 용서는 하나님만이 하실 일이다. 정말 용서는 위대한 것이지만 가해자의 참회가 없이 선포되는 용서는 또 다른 악을 낳게 된다.

착각

지금 사람들은 물질의 신, 바알의 제단으로 가면서도 우리는 교회로 가고 있다고 착각한다.

죽지 않고서는 못 한다

누가 누구를 구원한다는 것은 구원자가 죽지 않고서는 불가능한 일이다.

이미 지나갔다

간절히 설교하고, 글 쓰고, 설득한다고 해서 욕심을 버리고 서로 나누면서 살라는 말을 듣는 시대는 벌써 지나갔다.

무너질 교회

이제 이런 교회는 무너지는 것이 순리다.

그동안 한국교회는 번영 복음과 죄 경영Sin management 으로 몸집을 불려왔다.

세월호, 거기에는

한국에서 수학여행 가던 300여 명 이상의 고등학생들이 바다에 수장되었다. 대형 참사다. 아프다, 슬프다. 이를 보며 몇 가지 생각이 든다.

승객과 국민의 안전은 전혀 생각하지 않고 돈만 벌려고 하는 신자유주의 시장경제 추종자들이 고의로 저지른 살인 사건이다. 위기의 순간 어떻게 처리해야 하는지 하나도 생각하지 못하고, 준비하지 않은 국가와 정부는 엉터리 세금 수납기관이다.

그 국가 조직의 민낯이 수면 위로 드러났다. 책임감도 없고 사명감도 없이 고급기술자가 되어버린 나쁜 인간들에게 선장이니 항해사니 하면서 자격증을 준 학교와 정부와 사회적 합의 체제의 카르텔이 뻔뻔하다. 비극적인 인간의 죽음까지도 정치적으로 이용하여 자기에게 혹은 자기 당에게 유리하게 만들어가는 악한 정치인들과 그들의 정치집단이 거기에 있다. 양심과 사건의 본질을 거짓으로 꾸며대며 상업적으로 악용하고 그럴싸하게 포장하고 둘러대며 떠들어대는 집단적 정신병에 든 언론재벌들과 그 지성적 하수인들이 거기에 있다. 나쁜 사람을 나쁘다고 정직하게 말하지 못하고, 못된 정부를 표로 심판할 줄 모르는 어리석은 국민의식도 한몫했다.

양심적 참회나 진정한 나눔과 베풂은 없고, 우는 사람과 함께 우는 자세는 없이 입으로만 떠들며 부르짖는 통성기도와 감성적 입발림만 늘어놓고 있는 교회와 교회 지도자들이 거기에 있다.

나도 그중에 하나다.

천박한 인간

정말 미치겠다. 밤 1시가 넘었는데도 잠은 오질 않고 생각은 멀뚱멀뚱해지고, 이것저것 후회되는 일은 많고, 창피하고 부끄러운 일들이 떠오른다. 음악으로도, 기도로도 해결이 안 된다. 나는 진짜 천박한 인간인가보다.

없어도 되는 것들

집안을 돌아본다. 없어도 되는 것들이 참 많다. 없어도 살아가는데 지장 받지 않을 것들을 움켜쥐고 있다. 있으면 그냥 좀 편리한 것들도 있지만, 있으나 없으나 별로 불편한 것도 이로울 것도 없는 것들이 많다.

"없어도 되는 것들이 자꾸만 늘어나면 그는 진짜 부자가 되는 것이다."

헨리 소로Henry David Thoreau의 말이다.

이민자

한국인 이민자들은 오래전에 조국을 떠났는데도 여전히 심리적으로는 그 땅을 떠나지 못하고 거기 매여서 산다. 떠나지 못한 사람에게는 도달해야 할 새 땅이 없다.

소리

음향기기와 텔레비전을 준비해 놓고 CD, DVD로 듣는 만들어진 소리만 음악이라고 듣지 말자. 바람소리, 새소리, 벌레소리 그리고 영혼의 속삭임, 인간의 한숨 소리 좀 들어라! 홍길복아!

식어가는 열정

분노는 여전한데 열정은 식어간다.

몸

'아무것도 걸치지 않은' 순수한 몸은 사람의 몸이 아니다. 몸이 '사람'으로 인식되려면 문화적 기초들을 입어야 한다. 문화가 제공하는 다양한 소품과 도구로 몸을 변형하여 전시할 수 있게 만들어야 한다. 공공장소에서 나체를 금지하는 것은 순수한 몸 그 자체는 언제나 불완전하다고 보기 때문이다.

그 너머

근대는 공간을 압축하고 거리를 말소하고 장소를 파괴한다. 어디든 갈 수 있고 어디서나 살 수 있고 무엇이나 할 수 있다. 지구는 평평해졌다. 다국적 기업망으로 인하여 모든 장소는 균질적이고 단일한 척도가 되었다.

근대는 '저 너머'가 없다. 모든 정보가 지평선 안에 들어와 있다. 지구가 둥글다면 보이지 않는 '저 너머'가 있을 텐데. 평평한 지구는 장기판처럼 되었다. 장기판 위의 말처럼 그냥 이곳저곳으로 들었다 놓았다 하게 되었다. 박정신, 구미정 선생들이 만드는 계간지 '그 너머'란 과연 있을 수가 있을까? 이 '비장소화'의 시대 속에서 '그 너머 어딘가 그래도 무엇인가 있겠지' 꿈꾸는 것은 그야말로 '나비의 꿈'이 아닐까 염려된다.

제3장

종교의 본질과 현상

물에 비친 세상은 진짜가 아니다.
하지만 진짜처럼 보일 때도 있다.

다른 의견

모든 동조, 한쪽으로 몰림, 휩쓸림, 다른 의견 없음, 집단적 침묵이 왜 나쁜가? 그것은 결국 한 사회와 집단과 국가와 공동체를 획일화하고 단일화하여 독재와 봉건체제로 만들어 무너지게 만들기 때문이다. 이견이 있는 사회와 집단과 국가와 공동체에는 생명력이 있고 진보와 발전이 있다.

21세기에 이르러서도 여전히 다른 의견이 좀처럼 받아들여지지 않고 한쪽으로 쏠린 의견만 존중되고 칭찬받고 보상받는 공동체는 종교이다. 특히 이슬람 원리주의와 기독교 보수주의가 그렇다. IS와 똑같이 위험한 것이 한국의 보수파 장로교회이다.

불교는 각覺, 곧 깨달음을 중히 여긴다. 그런데 이 깨달음이 시대와 역사와 공동체의 각성에 이르지 못하고 개인적 자각에 머물러 있다. 그래서 불교는 개인화, 내밀화되었다. 사회성을 잃어버린 종교가 되었다.

천주교는 의식의 종교이다. 즉 예배를 잘 드리는 종교이다. 천주교에서 예배는 은총의 통로이다. 그런데 이 예전과 의식의 집행자는 모두 다 신부다. 은총의 통로를 신부들이 장악하고 있다. 신부들끼리, 교인들이 오든 말든 혼자서 모든 예전을 집행한다. 권한은 신부들에게, 의무는 신자들에게! 이것이 천주교의 실제 모습이다.

개신교는 핵심이 성서다. 성서 속에 모든 것이 다 있다고 주장한다. 그런데 그 성서를 해석하는 권한이 목사와 신학자들에게만 있다. 성서해석의 독점적 권리, 독점권이 한쪽에게만 있다. 교인들은 가르쳐준 대로 믿고 따라오라고 한다. 그래서 지금의 개신교인들은 구경하고 따라 하는 관객이 되었다.

3개의 종교가 형태만 다를 뿐 모두 똑같이 비사회화, 탈역사화되었다. 사회적 책임을 상실했다. 교인들은 그들의 종교가 무엇이든 간에 개인적 한계 속에 갇혀버렸다. 참여 종교가 못되었다.

종교적 신념

어떤 종교적 신념을 가지고 미술을 한다. 음악을 만들거나 노래를 부른다. 그것까지는 그런대로 인정하자. 그러나 만약 우리 중에 어떤 특정 종교에 대한 믿음을 가지고 과학자가 된다든가 정치가가 되어 한 나라를 통치한다고 생각해보자. 그 경우에는 정말 용납할 수 없는 비극이 생기게 된다. 종교적 신념을 굳게 갖고 운동, 음악, 미술, 학문, 정치, 경제를 한다? 모두 다 비뚤어진다. 종교적 신념 위에 서서 교육을 한다? 그것은 정치적 신념에 서서 교육을 하는 것과 마찬가지로 비뚤어진 교육이 된다.

인간이 그냥 인간답게 자연스럽게 행동하는 것이 가장 기본이다.

미국 사람

미국 사람 중 대략 절반은 사후세계나 영생을 믿지 않는다. 교육 수준이 높고 부유할수록 그 비율이 더 높아진다.

속을 보려 하지 말라

사람의 속이 보이지 않으니 얼마나 다행인가?

사람들의 속이 다 들여다보인다면 우린 견딜 수가 없을 것이다. 사람들의 속을 다 들여다보려고 애쓰지 말라. 심리학도 그렇고 종교도 너무 지나치게 인간의 심성을 꿰뚫어 보려고 하는데 그러면 안 된다. 사람의 속이 다 드러나면 이 세상은 살 수가 없기 때문이다.

인간의 심보

월드컵에서 우리는 대개 자기 나라 팀을 응원한다. 자기 나라가 이기기를 바라고 상대편이 지기를 바란다. 프로 축구나 농구, 프로 야구나 풋볼도 마찬가지다. 내가 내기를 걸고 지원하는 팀이 이기기를 바란다. 그리고 당연히 상대

팀이 지기를 바란다. 종교도 마찬가지다. 나 혹은 우리 가정, 우리 공동체가 대부분 소속되어 있는 종교가 다른 종교보다 우월하고 멋있고 잘 나가기를 바란다. 혹시라도 다른 종교가 세력이 커지면 이런저런 이유들을 붙여가면서 험담을 하거나 소문을 만들어내는 것이 인간의 심보이다.

현대 사회에서는 스포츠, 정치, 종교가 거의 한통속이 되어있다. 더 많은 팬들을 만들어 자기 팀의 명예와 주가를 높이려고 안달을 한다. 이단이란 여기서 아주 크게 찍힌 집단이다. 반유대주의, 이슬람 혐오증 같은 것도 그들의 적이 만들어낸 것이다.

믿음 없는 종교

원래 공산주의 사회에서는 민주주의가 논의 안 된다. 민주주의 사회에서도 민주주의가 가장 힘들다. 원래 종교 외의 세상에서는 신앙이라는 것을 문제 삼거나 논의하지 않는다. 신앙 공동체에서 제일 힘든 것이 바로 신앙이다. 민주주의 나라에 민주가 없고 자유주의 국가에 자유가 없다. 그리고 신앙집단인 교회, 사찰에 진정한 믿음이 없다.

기독교와 불교

기독교에서는 이것은 이것이고, 저것은 저것이다. 이것은 저것과 다르고, 저것은 이것과 다르다. 불교에서는 이것도 저것이고, 저것도 이것이다. 이것은 저것과 다르지 않고, 저것은 이것과 다르지 않다고 한다.

남귤북지

남귤북지南橘北枳란 남쪽에 있는 귤나무를 북쪽에다 심으면 탱자가 된다는 뜻이다. 환경과 문화와 삶의 터전이 모든 것을 결정한다. 똑같은 성서에, 똑같은 뿌리를 지닌 종교가 팔레스타인 땅에서는 유대교가 되고, 중동에서는 이슬람이 되고, 이탈리아에서는 로마가톨릭이 되고, 그리스에서는 정교회가 되고, 독일에 가면 루터교가 되고, 미국으로 가면 침례교가 되고, 영국에서는 성공회가 되었다.

남귤북지다. 토양과 문화와 정치와 경제와 사회와 삶의 터전이 제각기 다른 종파를 만들어냈다.

식민지

인류는 모두 종교의 식민지 민족들이다. 인류는 그리스 철학과 그리스 문화, 그리스 사상의 식민지 국가들이다.

처음 종교적 식민지 종주국은 힌두교, 불교, 유교 같은 것을 만든 아시아 국가들이다. 그들은 여타의 다른 아시아 국가들을 종교 식민지로 삼았다. 그 다음은 유대교, 기독교, 이슬람 같은 종교를 만든 국가들, 즉 유대와 이탈리아와 그리스와 아랍제국들이 여타의 다른 나라들을 종교적으로 식민지화했다.

철학과 문화와 지성은 그리스가 만든 또 다른 식민지 통치의 언어와 사고, 행위와 역사이다.

진리

철학적 질문에 대하여 종교적 진리는 대답할 수 있어야 한다. 직관에 대한 지성의 질문에 대해 직관은 무엇인지 대답할 태도와 내용이 있어야 한다. 모든 영적인 것들, 신비한 것들, 설명이 불가능한 것들은 반드시 합리적이고 논리적이고 과학적인 것들과 부딪히고 싸우고 함께 고민하고 탐구해나가는 과정이 있어야만 한다.

신을 바라보는 관점

기독교, 이슬람, 유대교를 비롯한 대부분의 종교들은 고대의 자연 종교들을 포함하여 한결같이 신을 두려워하게 하고, 두려움과 경외의 대상으로 섬겨야 한다고 가르친다. 그런데 고대 그리스의 자연 철학자들로부터 시작하여 탈레스Tales, 피타고라스Pythagoras, 에피큐리안Epicurean들을 거쳐 소크라테스Socrates, 아리스토텔레스Aristoteles 같은 그리스 철학자들은 신을 두려움의 대상이 아니라 이야기의 대상이요, 경외의 대상이 아니라 함께 살아갈 대상이라고 했다.

신학과 철학

신학은 신을 두려워하게 만들고,
철학은 신을 사랑하게 만든다.

삼인성호

삼인성호三人成虎, 세 사람이 호랑이도 만들어낸다. 거짓말도 반복하면 진실이 된다는 것이다. 한비자에 나오는 이야기이다.

"전하, 지금 누가 저잣거리에 호랑이가 나타났다고 말하면 믿으시겠습니까?"

"누가 그런 말을 믿겠느냐?"

"전하, 그럼 두 사람이 똑같이 저잣거리에 호랑이가 나타났다고 말하면 어찌하시겠습니까?"

"그래도 나는 안 믿을 것이다."

"전하, 만약 세 사람이 똑같이 아뢴다면 그땐 어찌하시겠습니까?"

"그때는 믿을 것이다."

종교인들은 한 사람이나 두 사람만 말해도 믿는다. 그런데 철학은 다수가 말할 때까지 믿지 않는다. 사람들이 무엇을 믿는다는 것은 이미 믿을 준비가 되어있기 때문에 믿는 것이고, 믿지 않는 것은 믿을 준비가 되어있지 않기 때문에 믿지 않는 것이다. 사람은 모두 자신이 믿은 것만 믿는 존재이다. 보리수나무 밑 이야기든, 빈 무덤 이야기든 믿기로 작정한 사람은 처음부터 믿고, 믿지 않으려는 사람은 아무리 말해도 믿지 않는다. 서양 철학사는 믿음과 불신의 변증법적 흐름이다.

균형

아무리 좋은 것이라 해도 한 가지만 먹으면 우리 몸은 건강을 잃게 된다. 균형 잡힌 식단이 우리 몸을 건강하게 붙잡아준다. 몸만 그런 것이 아니다. 한 시대, 한 지역에서 유행했던 어떤 한 가지 사상이나 철학이나 종교에 붙잡히면 인간의 정신은 건강해질 수 없다.

균형 잡힌 정신적 식단이 필요하다. 플라톤Plato과 아리스토텔레스, 노장老莊과 공맹孔孟, 스토아Stoics와 에피쿠로스, 데카르트René Descartes와 로크John Lock의 사상을 골고루 이해하고 균형 있게 우리 정신세계 속에서 논의하여야 한다.

기독교와 불교, 유대교와 이슬람, 힌두교와 도교는 하나하나 제각기 좋은 종교들이다. 그러나 그 종교의 신자들은 자기 종교 이외의 종교들은 독약이라고 생각한다.

아니다. 다 좋은 음식들이다. 다 좋은 영혼의 양식들이다. 골고루 균형 있게 먹으면 우리 영혼은 건강해진다.

비정상

사회가 정상이면 그 사회 속에서 사는 사람도 정상이다. 비정상인 사람들이 점점 많아지는 것을 보니 사회와 세상이 점점 비뚤어지고 있나 보다. 교회나 교인들도 마찬가지다. 비정상의 교인들과 목사들이 점점 늘어나는 걸 보니 확실히 교회가 잘못되었음이 틀림없다.

사회, 정치, 경제, 종교, 교회, 사찰 모두 발전은 못하고 그냥 변하기만 한다. 사람들은 변하는 모습을 보면서 그게 발전하고 있다고 착각한다.

성직자

목사님, 신부님, 스님은 죽을 때까지 무슨 일을 하든지 늘 자기가 지금 하고 있는 일을 왜 하고 있는지 자문해야 하는 사람들이다. 자기성찰을 직업으로 삼는 사람이 성직자란 말이다.

기독교에 대한 회의

전에도 이 문제를 놓고 생각이 참 많았다. 지금도 그렇다. 기독교는 이상주의적이다. 현실은 고려하지 않고 좋은 말만 많이 한다. 그리고 무엇보다도 인간을 신뢰한다. 개인으로서의 인간도 문제이긴 하지만 집단으로서의 인간 공동체는 더더욱 믿을 수 없는 데도 인간을 믿고 인간 공동체의 선을 믿고 종교적, 도덕적 가설을 세웠다. 그 사실이 내 마음을 복잡하게 만든다.

개혁의 대상

종교개혁의 주체였던 개신교가 이제는 개혁의 대상이 되었다. 슬프고 답답하다.

교리와 교권

사랑을 최고로 삼지 않는 종교는 하나도 없다. 자잘한 교리의 차이는 종교 권력자들의 주도권 싸움인데 우리가 멋도 모르고 휩쓸린 것이다.

빗금 철폐

예수의 사역은 빗금/을 철폐한다. 남성/여성, 부자/빈곤한 자, 내국인/외국인, 정상인/비정상인 사이의 빗금을 철폐하는 것이 기독교의 사역이다.

한국교회의 황혼

이슬람의 테러와 높이 솟은 한국교회의 예배당을 보면 서쪽 하늘로 점점 저물어가는 종교의 황혼을 보는 듯하다.

호모 비아토르

가브리엘 마르셀Gabriel Marcel은 '호모 비아토르Homo viator'의 정의를 '길 가는 사람', '길 위에 있는 사람'. '떠도는 사람'이라 했다.

안정과 안주는 삶이 아니라 죽음에 가깝다. 자기 삶의 터전에서 벗어나 길을 가면서 중대사를 알아가고, 만남을 통하여 삶의 의미를 배워가고, 낯섦을 마주하며 부단히 갈고 닦는 사람이 호모 비아토르다.

기독교는 익숙한 세계를 뒤로하고 걷는 종교다.

골방을 떠나 길을 떠나도록 초청하는 종교다.

한국의 종교 현상

서울이나 시골이나 교회와 절은 어디나 열려있어 몇 발짝만 옮기면 기독교인도 될 수 있고 불교인도 될 수 있는 게 현재 대한민국의 종교 현상이다.

틀린 해석

왜 목사들과 설교자들은 모든 것을 자기들 관점에서만 읽고 해석하려고 할까? 단테Dante Alighieri도, 괴테Johann Wolfgang von Goethe도 자꾸 기독교적으로만 읽고 해석할까? 참 신기하다. 모든 것을 기독교, 신학, 설교의 도구로만 생각하고 이용해 먹는 그 기술이 참 신기하고 이상하고 틀려먹었다.

다양함이 아름다움이다

이화여자대학교의 최재천 교수는 사회 생물학을 전공하는 분이다. 사회 생물학? 나는 잘 모르는 분야이지만 짐작하건데 인간이나 자연이나 모든 것을 사회학적으로, 혹은 생물학적으로 연구하는 분야가 아닐까 짐작한다. 그분의 주장에 의하면 생태계의 가장 큰 특징은 다양성이다.

자연 세계, 생태 세계는 본래부터 다양한 여러 종류의 생명체들이 함께 어울려서 조화를 이루며 살아간다. 그것이 곧 생태계의 생존 방식이요, 아름다움이라는 것이다. 옳은 말이다. 하늘에는 다양한 새들이 날고, 숲속에는 다양한 짐승들이 돌아다니고, 땅속에도 정말 다양한 벌레들과 곤충들이 서로 먹고 먹히면서 생태계를 보전해나간다.

그런데 인간들은 이런 생태계를 부숴버린다. 농사라는 이름으로 각종 벌레들을 죽이고 여러 가지 풀들을 제초제로 죽인 후 한 가지만 심는다. 다양성은 없애버리고 단일성을 만드는 것이 농사다.

그러나 보라. 다양성을 없애면 재앙이 찾아온다. 생태계의 본래 모습처럼 다양한 세계가 어울려 사는 것이 세상의 생존 방식이고 세상을 아름답게 한다고 나는 믿는다. 정치도 다양해야 하고, 경제도 다양해야 하고, 문화도 다양해야 하고 종교도 당연히 다양해야 한다.

기독교나 이슬람의 극단주의자들이 소위 선교라는 이름으로 자기 종교만 우월하다고 하면서 자기 종교만 믿어야 한다고 하는 것은 자연을 파괴하여 온 세계에 오직 무궁화 하나만 심자는 것과 마찬가지다. 세상에는 인종도 많고, 언어와 문화도 다양하고, 생각도 다 제각기 다르니까 아름답다. 서로 다르니까 서로 공생하게 된다. 꽃밭에는 꽃들이 많아야 아름답고, 하늘에는 새들이 여러 종류여야 아름답고, 인간 세상에는 다양한 사람들과 그 다양한 사람들이 만들어 내는 다양한 언어, 문화, 역사, 전통, 종교들이 있어서 참으로 아름다운 것이다.

세상에 쌀농사 하나만 짓거나, 사과나무 하나만 심는 세계가 된다면 이 얼마나 무서운 일이 되겠는가?

기독교가 사는 길

기독교 선교가 성공하려면 목사들과 선교사들이 이렇게 말해야 한다.

"우리 기독교는 참 나쁜 종교이지요. 역사를 돌이켜보면 참 나쁜 일 많이 했지요. 사실 기독교는 신뢰할만한 종교가 못되지요. 기독교 신자들이란 별로 좋은 인간이 아니지요. 그리고 기독교 성직자들이란 대부분 탐욕적이고 정치적이고 나쁜 인간성을 지니고 있습니다."

이렇게 믿고 생각하고 고백하면 그나마 기독교가 조금이라도 살 수 있는 길이 열릴 것이다.

이성의 도움

성서에서 비이성적인 이야기들이 옳다는 것을 증명하기 위해서 기독교는 이성의 도움을 받아왔다.

독선

종교적 독선이나 이성 세계의 독선이나 모든 독선은 대단히 위험하다.

불립문자

모든 종교는 경전을 가지고 있다. 특히 기독교와 이슬람은 경전 지키기에 목숨을 건다. 기독교는 '오직 성서'를 외친다. 오직 경전, 오직 문자이다. 이슬람은 쿠란을 모독하는 자는 죽인다. 기독교는 문자무오설을 내세우고, 천주교는 교황무오설을 내세운다. 그런데 선사에서는 때로 추운 겨울에는 불경이나 불상을 땔감으로 쓰기도 한다.

구원은 '탈문자' 할 때 이루어진다. 구원은 사랑과 용서에서 완성되는 것이지 책을 읽고 듣고 외운다고 해서 이루어지는 것이 아니다. '불립문자不立文字'이다.

브라만 사상

힌두교 브라만 사상의 기초는 범아일여梵我一如이다. Brahman우주과 Atman자아은 같다. 하나다. 일체의 차별이 없다. 내가 곧 우주이고 우주가 곧 나다. 나는 옳고 너는 틀린 것이 아니다. 나와 너는 하나다. 보는 자와 보이는 자, 말하는 자와 듣는 자, 존재와 지식이 하나다.

도덕이 종교보다 먼저다

종교가 있다고 해서 이웃을 사랑하는 것이 아니다. 종교가 없다고 해서 이웃을 사랑하지 않아도 되는 것이 아니다. 종교가 있든 없든 사람은 이웃을 사랑해야 한다. 데이비드 흄David Hume은 하나님이 없어도 도덕적으로 살아야 하고, 하나님이 있어도 도덕적으로 살아야 한다고 말했다. 윤리적 실천은 종교의 유무와 관계없는 인간 존재의 본모습이어야 한다고 했다.

천주교의 종교자유

미국에서 천주교가 종교적 자유를 얻은 것은 침례교보다 훨씬 뒤였다. 17세기 주류 개신교에서 관용을 베풀어 다른 교단들을 인정할 때도 천주교는 용납 받지 못했다. 개신교가 주류 교단이었던 나라에서 천주교인들이 받았던 슬픔은 지금은 상상할 수 없는 정도였다.

스페인의 무적함대가 태풍으로 좌초를 당하고 영군 해군이 승전했을 때 영국 성공회는 전능하신 하나님께서 로마가톨릭을 심판했다고 선언했다. 지금도 미국의 인구 센

서스에서는 절대로 개신교와 천주교를 나누지 않는다. 천주교를 개신교와 함께 양대 산맥으로 표현하지 않는다. 장로교, 감리교, 침례교, 천주교로 분류하는 것이 미국이다.

그런데 1961년 이런 미국에서 역사상 처음으로 천주교 신자가 대통령이 되었다. 존 F. 케네디John F. Kennedy이다. 개신교에 의해서 세워진 나라, 천주교와 성공회의 박해를 피해 온 개신교도들이 주류를 형성한 나라에서 천주교 대통령이 나왔다. 그래서 케네디 대통령이 암살되었을 때 그 배후에는 보수적 개신교와 연관이 되었을 것이라는 음모론이 제기되었다.

바티칸공의회

요한 23세John XXIII에 의해서 주도된 제2차 바티칸공의회Second Vatican Council 때, 많은 보수적 천주교인들과 사제들은 그것을 비보라고 했고 심지어는 교회의 타락이요, 마귀에게 항복한 것이라고 했다.

"어떻게 우리 천주교회가 정통, 보수, 진리의 파수꾼인 우리 로마가톨릭교회가 타종교와 이야기를 트고 개신교나 동방교회와 화해할 수 있는가? 이것은 세속과 결탁한 사탄의 공작이다. 교회가 사회현실에 참여하는 것은 교회가 변질된 것이다."

다른 것이 축복이다

종교는 같을 수도 없고 같을 필요도 없고 같아서도 안된다. 다양한 종교들이 있다. 거기에서 종교적 갈등도 일어난다. 그 갈등에는 두 가지 부류가 있는데 하나는 나와 다른 종교를 배척하고 미워하는 이들이고, 다른 하나는 나와 다른 종교들과 이야기하고 포용하려는 이들이다.

"종교 간 대화의 목표는 종교 일치가 아니다. 종교 간 대화의 목표는 종교 간의 차이를 발견하는 것이다."

신학자 판넨베르크Wolfhart Pannenberg의 말이다. 나와 다른 것은 틀렸고 나쁜 것인가?

나와 다른 것은 축복이다.

삶의 풍성함이 거기 있다.

타종교와 대화의 전제

종교학자 라이몬드 파니카Raymond Panikkar의 말이다.

"기독교인들이 타종교와 대화하려고 할 때 명심해야 할 것은 그 어떤 경우에도 자신이 지닌 신앙을 축소하거나 버리지 않는 것이다. 예수교인은 예수를 주님이라고 고백하는 기독교 교리의 핵심을 어물어물하게 말하면 절대로 대화가 되지 않는다. '예수는 주요, 그리스도이다. 나는 그렇게 믿는다'는 사실을 확실히 해야 서로 간 대화가 된다. 그것은 무슬림이나 불교나 힌두교인들에게도 마찬가지다."

평화와 공존은 상대방의 신념과 신앙을 존중하는 데서 출발한다. 절대로 자신의 신앙을 포기해서는 안 된다. 당신과 똑같아지는 것이 평화의 길이라고 생각해서도 절대 안 된다. 자기가 믿는 신과 신앙에 대해 확신이 있는 사람, 자신이 믿는 종교와 신앙의 아름다움에 젖어있는 사람은 결코 다른 사람의 신앙을 폄하하지 않는다. 내 신앙의 아름다움만큼 타자의 고백도 아름답게 보는 눈이 있기 때문이다.

기쁨과 무지

불교는 고뇌의 종교요, 지혜의 종교인데 기독교는 기쁨의 종교요, 무지의 종교이다. 그런데 정작 기독교인들은 이를 전혀 눈치채지 못하고 있다.

화(和)의 논리

자본주의, 식민주의, 서구사상의 논리는 항상 동同의 논리다. 나와 다른 것을 지배, 흡수, 합병하여 나와 같게 만들려고 한다. 서구 식민주의 역사가 그렇다. 기독교도 그렇다. 다른 것을 못 보고 못 참는다. 다 나와 똑같이 믿고 기도하고 예배드리고 먹고 마셔야 직성이 풀린다. 그걸 선교라고 한다.

하지만 그것은 선교가 아니라 자본주의화, 식민주의화이다. 극좌와 극우는 똑같이 동同의 논리에 기반하고 있다.

화和의 논리는 다른 것을 있는 그대로 인정하고 그 가치를 존중한다. 공존과 평화의 논리. 남북통일이라는 숙제도 화和의 논리로 풀어야 마땅하다. 동同의 논리에 서면 흡수합병 아니면 적화통일 둘 중에 하나밖에 없지 않겠는가?

무소유 유감

욕망으로 가득 찬 이 세상에서 무소유, 무욕으로 사는 것이 보통사람에게는 어려운 일이다. 스님의 무소유는 사찰 종단의 거대한 구조 속에서나 가능한 일이다. 대형교회 목사의 빈손과 무소유는 한국의 교회가 지닌 거대한 소유 구조 속에서 가능하다. 그렇기에 목사의 빈손과 무소유도 칭찬할 게 못 된다. 대형교회의 목사는 돈 없고 통장 없이도 얼마든지 품위를 지키면서 살 수 있지만 보통 목사, 가난한 목사에게는 불가능한 일이다.

무소유를 지킨 스님이나 목사들을 보통 목사나 보통 불자와 똑같은 자리에 놓고 단순 비교하는 것은 잘못된 예이다.

종교가 다양한 것은

이 세상에 그렇게도 종교가 많다는 것은 무슨 뜻일까? 첫째, 어떠한 종교도 결코 완전하지 않다는 것이다. 어떠한 종교도 사람들 모두에게 만족을 주지는 못한다. 어떠한 종교도 부분적 진리만 가지고 있다는 뜻일 것이다.

둘째, 세상에 있는 모든 종교는 그게 그거라는 뜻이다.

모든 것이 다 비슷하다는 뜻이다. 종교끼리 도토리 키 재기 하듯이 서로 경쟁하거나 싸우지 말고 서로 잘 지내라는 뜻일 게다.

문제는 종교만이 아니다. 그 어떠한 사상, 주장, 이론도 모두 마찬가지인데 사람들은 제각기 자기주장이나 생각, 자기의 이론이나 방법론만 고집한다. 세상은 이미 객관적이지 않다. 객관성은 오래전에 사라졌다.

시는 이렇게 써야 하고, 그림은 이렇게 그려야 하고, 노래는 이렇게 불러야 하고, 종교 생활은 이렇게 해야 한다는 객관적이고 하나뿐인 논리는 없다.

선교라는 이름의 폭력

스페인의 가톨릭은 이슬람 통치 때 받은 트라우마가 너무 커서 남미를 피비린내 나게 정복했다. 그들은 원주민들을 선교라는 이름으로 억압했다.

종교재판과 고문의 정당성

중세 종교재판정에서 고문할 때 그들은 이렇게 생각했다. 그가 정말 죄가 없다면 하나님은 고문을 이기게 하여 자백을 하지 않게 할 것이다. 그리고 그가 정말 죄가 있다면 하나님은 그 고문을 이겨낼 힘을 주지 않을 것이기 때문에 고문에 의한 자백은 유효하다.

보수와 진보

어떤 문제가 생겼을 때 그 문제를 개인 한 사람 한 사람으로부터 해결하려고 하는 것은 우리는 보수적이라고 하고, 그 문제를 개인들이 살고 있는 사회와 구조의 문제로 진단하고 거기에서 풀어보려고 하는 것은 진보적이라고 한다. 그러므로 종교, 특히 기독교는 언제나 보수적이었고 인문학은 항상 진보적일 수밖에 없다.

긍정의 종교

오늘날 '긍정의 힘'은 하나의 종교가 되었다. '꿈을 가지라'라는 말을 '종교적 주문'으로 삼아 교주가 된 '성공학 강사'들이 많다.

부패해도 망하지 않는다

종래 학교에선 절대 권력은 절대 부패하고, 절대 부패는 절대 멸망한다고 가르쳤다. 그러나 이젠 그렇지 않다. 종교적 절대 권력자는 절대 부패해도 절대로 망하지 않는다. 오히려 그들을 따르는 추종자들은 더 많아진다. 성공신화의 창조자들을 따르는 탐욕의 무리는 끊임없이 증가하고 있다.

반물질적 가치관

서양에서는 1970년대까지는 물질적 가치관이 우세했으나 이제는 반물질적 가치관이 점점 확산되고 있다. 반물질적 가치관을 가질수록 현실에 대해서 비판적이다. 그리고 좌파적이고, 국제주의적이고, 엘리트에 대해 도전적이며 기성정당, 노동조합 그리고 교회로부터 멀어진다.

가라지 세일

시드니우리교회가 15년이나 해오던 가라지 세일을 하지 않기로 했다고 한다. 작은 일이었지만 좋은 목적을 가지고 시작했고 지금까지 해온 일이었는데 아쉽다. 지역사회를 위한 한국인 교회의 서비스와 선교사님들을 지원하기 위한 작은 몸짓이었는데 지금은 세월이 지나니 새로 부임한 목사도, 장로들도 모두가 그 뜻을 모르는 것 같다. 돈이 많이 모여지지 않고, 도와주는 이들이 줄어들어도 그래도 그 의미와 목표를 포기하면 안 된다.

부잣집의 걱정

부잣집에 가보았다. 2백만 불도 더 나가는 좋은 집에서 별로 아쉬울 것이 없이 잘 사는 사람이다. 그런데 그 사람이 참 신기하게도 가난한 사람들을 제일 염려하고, 가난한 이들을 위해서 간절히 기도하고, 세상에 부유한 자들을 향하여 분노하고 있었다.

제일 비싼 것

세상에서 제일 비싼 것이 무엇인지 아느냐?

공짜다! 공짜로 받은 모든 것은 훗날 제일 비싼 값을 치르게 된다.

이상한 마력

우리는 죄를 지을 뿐만 아니라 죄에게서 어떤 매력을 느낀다. 우리는 유명인사가 스캔들에 휘말렸다는 소식을 듣고 있다가 후에 그것이 사실이 아니라고 하면 실망하는 존재들이다. 다행이라고 생각지 않고 미심쩍어하는 것이다.

정의

가장 중요한 핵심은 정의를 내리는 문제다. 보수의 정의, 진보의 정의, 자유의 정의, 노예의 정의. 요즘 내게는 선교의 정의가 문제이다.

반드시

좋은 것은 반드시 나쁜 것과 연관되어 있다. 덕목은 결함, 재치는 비아냥거림, 관대는 거만, 탐욕은 경제, 무지는 순종과 연결되어 있다.

자리

선생은 몰라도 선생이니까 가르치고, 목사는 몰라도 목사니까 설교를 하고, 부모는 부모 구실을 못해도 부모니까 그 자리를 지킨다.

면죄

큰 잘못을 저지르지 않았다고 해서 작은 잘못들이 면죄되는 것이 아니다.

태양

태양은 존재하는 것만으로도 충분하다.

태양은 큰 소리로 소리쳐 부르지 않는다.

자본주의와 목사

자본주의 사회는 상품사회다. 상품의 최고 형태는 화폐, 돈이다. 화폐, 돈이 최고의 상품이다. 모든 상품은 화폐로 교환된다. 화폐로 교환되지 않는 상품은 가치가 없다. 화폐로 교환되지 않는 상품은 팔리지 않는다. 팔리지 않는 상품은 가치가 없고, 그런 상품을 만드는 노동자도 가치가 없다.

설교와 목사도 마찬가지다. 설교도 상품이다. 설교도 돈으로 교환된다. 팔리지 않는 설교는 가치가 없다. 목사도 좋은 상품을 만들지 못하면 가치가 떨어진다.

타타타

"네가 나를 모르는데 난들 너를 알겠느냐."

가수 김국환의 노래다. 이 노래의 제목 '타타타'는 산스크리트어로 '그래 그거야'의 뜻이다. 이 노래 가사에는 철학이 있다.

잘 안다는 것은 서로 잘 안다는 것이다. 서로 관계다. A가 B를 잘 알기 위해서는, B도 A를 잘 알아야 한다.

관어해자난위수

바다를 본 사람은 물을 말하기 어려워한다觀於海者難爲水. 큰 것을 깨달은 사람은 작은 것도 함부로 이야기하지 못한다. 맹자孟子의 말이다.

가난한 목사

공자가 14년 망명 생활을 하던 때였다. 진과 채나라 사이에서 여러 날 굶주려 일어날 기력도 없을 때였다. 공자는 그런 와중에도 금琴을 켜고 있었다. 자로가 화가 나서 물었다.

"군자도 궁할 때가 있습니까?"

공자가 조용히 대답했다.

"군자는 원래부터 궁한 법이라네."

"소인은 궁하면 흐트러지는 법이지."

목사도 가난할 때가 있습니까?

목사는 원래부터가 가난한 법이라네.

어쩌다가 가끔 좋은 것을 먹을 때가 있을 뿐이지.

원래는 늘 굶고, 가난하게 사는 것이 목사의 삶이라네.

제4장

인문학에 거는 기대

주변과 닮아야 생존할 수 있다.
주변과 다르면 생존할 수 없다.

동조자

오늘 'Conformity'라는 단어를 찾았다. 원래 영국에서는 영국 국교인 성공회를 믿는 사람이라는 뜻이다. 그런데 그 깊은 뜻은 '겉치레, 비슷한'이란 뜻이 있다. 요즘은 주로 동조자를 뜻한다. Conformist란 순응주의자, 영국 국교도란 뜻이다.

그러나 여기에 반대되는 단어가 있다. Dissenter이다. '반대자, 이견'을 뜻한다. 대문자로 쓰면 Conformist에 반대하는 Nonconformist, 즉 비국교도란 뜻이다. 모두가 휩쓸려서 국교도가 되던 시대에 'No man'이 되어 '아니오'라고 이야기하는 사람들이 있었다.

우리는 음식, 의상, 자동차, 컴퓨터, 책, 영화를 선택할 때 스스로 선택하는가? 꼭 그렇지만은 않다. 우리는 무엇인가를 선택할 때 다른 사람들의 영향을 받는다. 심지어는 종교적 신념, 정치적 견해, 사상적 태도에 있어서도 내가 스스로 무엇을 결정하는 것이 아니라 누구에 의해서, 혹은 어떤 조직이나 체제에 의해서 영향을 받는다. 우리는 늘 동조자Conformity, 순응주의자Conformist가 된다.

철학적으로 사는 것

미셸 푸코Paul Michel Foucault가 말했다.

"철학적으로 사는 것은 어떤 것을 포기하고 어떤 것을 선택하는 것이다."

철학이란

하이데거Martin Heidegger는 『형이상학 입문』에서 '도대체 왜 아무것도 없지 않고 무엇인가가 존재하고 있는가?'라 물었다. 이것이 철학이 제기하는 문제이다. 그리고 이것은 풀 수 없는 문제이다. 풀 수 없는 문제를 풀어보겠다고 나서는 것이 철학이다.

인문학은 저항이다

인문학은 저항, 레지스탕스를 지지한다. 특히 인간의 기본권을 억누르는 정치 권력, 자본 권력, 종교 권력과 싸운다.

정치 권력에 대한 레지스탕스는 정치가와 싸운다. 자본 권력에 대해서는 자본가와 싸운다. 그리고 종교 권력과 싸울 때는 신의 대리자인 목사, 신부와도 싸우지만 신과 직접 대결한다.

둘이 아니다

양산에 있는 통도사에 가면 불이문不二門이 있다.

둘이 아니다. 너와 내가 둘이 아니다. 남과 여가 둘이 아니다. 하늘과 땅이 둘이 아니다. 가진 자와 없는 이가 둘이 아니다. 배운 이와 못 배운 이가 둘이 아니다. 권력자와 백성이 둘이 아니다.

모두가 다 하나다.

이게 천국이고 극락이고 하나님 나라다.

회의주의자

그래도 정의가 승리한다.

착한 사람이 끝에는 복을 받는다.

종교는 거룩하다.

진리는 반드시 밝혀진다.

언젠가는 평화의 날이 올 것이다.

역사는 그래도 발전한다.

세상에는 착한 사람이 더 많다.

반드시 모든 인류에게는 자유의 날이 올 것이다.

참으로 아름다운 것은 시들지 않는다.

위와 같은 명제에 대해서 '그렇다'고 대답하는 사람은 이상주의자다. '아니다'라고 말하는 사람은 현실주의자다. '그렇다'와 '아니다'가 섞여 있는 사람은 회의주의자다.

진리의 해석자 인간

'진리는 영원히 변하지 않는다'는 말은 옳을 수도 있고 틀릴 수도 있다. 어제까지 진리라고 굳게 믿었던 것들이 오늘은 그게 아니라는 것을 알려주니까 '진리란 영원히 변하지 않는다'는 말은 틀린 것이다. 그러나 그것이 진실로 참된 진리라면 어제나 오늘이나 내일이 와도 변하지 않아야 한다는 말이 옳게 들리기도 한다.

하지만 진리 그 자체는 그렇다고 쳐도, 진리를 진리라고 주장하고 진리를 바라보고 진리란 것을 해석하는 인간은 끊임없이 변하고 유한한 존재이다. 그러니 진리는 말이 없고 진리를 외치는 인간들만 남게 된다. 진리는 영원불변한 것이 아니다. 진리를 외치는 인간도 죽는다. 겸손해야 한다.

그게 그것

하나님이 있어서 사람이 있고, 사람이 있어서 하나님이 있다. 하늘이 있으니 땅이 있고, 땅이 있으니 하늘이 있다. 산이 있으니 강이 있고, 강이 있으니 또 산도 있다. 남자가 있으니 여자가 있고, 여자가 있으니 남자가 있다. 가진 자가 있으니 없는 자가 있고, 없는 자가 있으니 가진 자가 있다. 올라갈 때가 있으면 내려올 때가 있고, 내려올 때가 있으면 올라갈 때도 있다.

세상만사는 다 서로 얽혀 있어 꼬리를 물고 돌아간다. 플라톤은 '이원론'이라 했고 불교에서는 '연기론緣起論'이라 부르고 아인슈타인Albert Einstein은 '상대성이론'이라 하고 기독교에서는 '하나됨'이라고 하는데 나는 '그게 그것'이라고 부른다.

반대말

'이것은 하얀색이다'라는 명제의 반대말은 무엇일까?

'이것은 검은색이다.'

아니다.

'이것은 하얀색이 아니다'가 맞다.

그렇다. 하얀색이 아닌 것이 다 검은색인 것은 아니다.

죄

의심하지 않고 믿는 것은 죄다.

가시나무

조성모의 노래 '가시나무'를 들으면서 울었다.

"내 속엔 내가 너무도 많아."

지오디god의 노래 '길'을 들으면서 나는 길을 잃고 길을 찾고 또 길을 잃는다. 나는 왜 살고 있는가?

가수 노을의 '마지막인 것처럼'을 듣고 난 '사랑하리라, 사랑해요'를 중얼거린다.

이 철학자들의 노래는 책 쓰는 철학자보다 훨씬 더 진실하고 진솔하다.

칸트의 생활

칸트Immanuel Kant의 일상에서 가장 중요했던 것은 읽기, 쓰기, 걷기와 함께 규칙적 산책과 하루 한 끼 식사였다. 그는 매일 오후의 긴 시간 동안 먹고 마시고 친구들과 담소

하는 행동들은 무질서로 생각해서 받아들이지 못했다. 그는 평생 독신이었다. 모든 물건은 반드시 제자리에 놓여있어야 했다. 빚이라고는 평생 단 한 푼도 진 적이 없었다.

칸트의 수업을 듣던 학생 중 웃옷에 오래전부터 단추 하나가 없는 학생이 있었다. 그런데 어느 날 그 학생이 단추를 새로 달고 수업에 참석했다. 이것을 본 칸트는 불안했다. 결국 참다 못한 칸트는 그 학생에게 다가가 그 새 단추를 좀 떼어달라고 정중하게 부탁을 했다.

칸트는 항상 같은 식으로 옷을 입었다. 변화를 수용하지 못했다. 새벽 5시에는 일어났다. 아침은 꼭 차를 몇 잔 마시고 하루에 꼭 한 번 파이프를 피웠다. 오전에는 강의를 하고 귀가 후 12시 반까지는 글을 읽고 썼다. 그 후엔 친구들과 같이 식사를 했고, 요리도 꼭 세 가지와 치즈, 포도주 한 병을 오후 5시까지 먹었다. 그 후엔 한 시간 산책을 하고, 밤 10시까지 독서를 했다. 그는 한 번도 산책로(철학자의 길)를 바꾸지 않았다.

단조로움과 규칙성 그리고 자아 통제, 이것이 칸트의 생활철학이었다.

간디의 철학

간디Mahatma Gandhi는 인도를 떠날 때 어머니와 세 가지(여자, 술, 고기)를 멀리하겠다고 약속했다. 간디는 자신에게 꼭 필요한 것보다 더 많이 가지는 것은 곧 이웃의 것을 착취하는 것이라는 생각이 있었다. 무소유, 걷기, 진리, 비폭력이 네 가지가 간디의 삶이요, 철학이다.

제업즉수행

일본의 세키몬학파石門에서는 '제업수행諸業則修行'을 말한다. 모든 일은 다 도를 닦는다는 것이다. 자본주의 사회에서 일은 돈을 버는 것이고 여가는 돈을 쓰는 것으로 구별한다. 그러나 진정한 자유인에게는 일이 여가고 여가도 일이다.

정의의 길

플라톤은 정의로운 것보다 정의롭게 보이는 것이 세상이라고 했다. 정의의 길은 길고 험하고 거칠다. 가치 있는 것은 얻기도 힘들지만 지키기도 어렵다. 우리는 정의로운 사람이 되려고 하는 게 아니라 정의롭게 보이려고 한다.

자연의 일부

장자는 인간을 자연의 일부로 보았다. 죽음이란 다시 자연으로 돌아가는 것이라 했다. 그는 아내가 죽었을 때 슬퍼하지 않고 항아리를 두드리며 즐겁게 노래를 불렀다.

사기(史記)에서

사마천은 『사기史記』에서 말했다.

한 자리에서 1년을 살려면 씨를 뿌려라.

10년을 살려면 나무를 심어라.

100년을 살려면 덕을 쌓으라.

욕심 없는 사람

세상에서 가장 무서운 사람은 욕심이 없는 사람이다.

간디는 아힘사ahimsa, 비폭력운동을 벌였다. 그는 문명을 악으로 규정하고, 돈으로 행복해지려는 시대를 암흑시대라고 했다. 간디는 아무것도 바라는 것이 없었다. 심지어는 삶에 대한 욕망도 없었다. 그의 단식은 진짜 목숨을 내놓는 행동이었다. 간디는 단식으로 자신을 다스렸다. 그는 진리의 능력을 믿었다.

인문학과 문인학

인문학人文學은 문인학文人學이다.

文이 곧 人이다.

人이 곧 文이다.

맞섬

종교, 기독교, 신학, 목회란 하나님과 맞서서 하나님께 대드는 것이다.

인간학, 인문학은 사람과 사람들을 둘러싼 사람들과 또나 자신과 맞장 뜨는 것이다.

문자의 한계

이성과 계몽의 상징이었던 독일 철학도 히틀러Adolf Hitler나 제2차 세계대전을 막지 못했다.

칸트나 헤겔Georg Wilhelm, Friedrich Hegel이 한 일이 도대체 무엇인가? 독일인들은 질병까지도 사무적으로 걱정하는 사람들이다. 독일의 이성주의는 관념론이다. 독일 철학은 히틀러를 막지 못했다. 독일에서 글을 읽고 글을 생산해낸 사람들은 거의 다 히틀러의 잠재적 부역자들이었다. *The Reader*에서 한나는 글을 읽을 줄 몰랐지만 글을 읽는 자들이 지닌 위선을 알고 있었다. 글을 읽을 줄 아는 자들, 지식인들, 지적인 종교인들은 거짓말을 할 줄 아는 사람들이다.

문자는 권력과 한 몸이다. 문자를 권력이 아닌 사랑의 도구로 쓸 수 있을 때까지.

관용

관용과 자비와 용서가 진리라고 외쳤던 시절, 그때 정의와 처벌과 법질서가 진리라고 주장한 사람들이 있다. 전자는 프랑스의 문호 프랑수와 모리악Francois Mauriac이고, 후

자는 알베르 카뮈Albert Camus였다. 그러나 제2차 세계대전 후, 드골Charles de Gaulle 정부는 약 100만 명을 재판에 회부했고 그중 10만 명 정도는 투옥시키거나 사형을 집행했다. 본래 관용이란 강자가 약자에게 베푸는 것인데 약자도 강자를 용서해줄 수 있다.

자녀 교육 방식

일본 부모님들은 자녀들에게 이렇게 말한다.

"언제 어디서든지 남에게 폐를 끼치는 말이나 행동을 하지 마라."

미국 부모님들은 자녀들에게 이렇게 말한다.

"언제 어디서든지 남에게 먼저 양보하는 사람이 되라."

한국 부모님들은 자녀들에게 이렇게 말한다.

"언제 어디서든지 절대로 남에게 지거나 기죽지마라."

채플 출석 체크

시드니신학대학에서 채플은 꼭 체크를 해야 하나? 만약

어떤 교회에서 주일마다 등록 교인의 이름을 부른다면 어떻게 할 것인가? 대학은 자율적인 능력을 길러주는 곳이다. 채플, 미션 칼리지 같은 것은 원하는 사람들이 자유롭게 선택하도록 하는 것이 최고의 지성인 집단인 대학 교육의 바른 태도이다. 학생들은 학교 당국에 채플이나 미션 칼리지의 자유로운 선택을 건의도 하고, 항의도 하고, 토론 제의도 하고 그래도 안 되면 소송을 제기할 필요가 있다. 시드니대학교나 맥콰리대학교 같으면 학생들이 이런 강제적인 비학술적 행정에 대하여 벌써 들고 일어났을 것이다.

갑(甲)

어제(2015. 2. 6.) '기독교 철학' 수업 때 학생들에게 읽어주었던 글을 다시 이 잡기장에 옮겨놓는다.

아무리 설명해 주어도 못 알아듣는 사람들이 있습니다. 권력자들, 부자들, 배운 사람들, 갑의 자리에 앉아서 호통을 치는 이들, 철밥통 정규직 자리에 앉아서 그런대로 먹고 사는 데 문제가 없는 이들, 대학교수들, 고위 공무원들, 목사님들, 그들은 세상에서 아우성치는 소리를 못 듣는 청각장애인들입니다.

그들은 세상에 왜 이렇게도 가난한 사람들이 많은지, 가난한 이들이 있기나 한 것인지 전혀 모릅니다. 때때로 가난한 사람들에 대해서 말하는 소리를 들으면 '게을러서 그렇다, 일 안 해서 가난하다, 학교 안 다니고 공부 안 해서 가난하다'고 말합니다. 그들은 모릅니다. 가난한 사람들이 아무리 그게 아니라고 소리를 질러도 못 알아듣는 사람들입니다.

월급날 쥐꼬리만 한 돈으로 은행 대출금 내고, 이자 내고, 세금 떼고, 지난달 빚을 갚고 나면 월급날은 돈이 들어오는 날이 아니라 돈이 나가는 날이란 것을 모릅니다. 새벽 한두 시까지 남의 차 대리운전하고 막상 자기는 탈 자동차가 없어서 발을 동동 구르는 대리운전자의 눈물을 모릅니다. 밤 11시가 넘은 시간인데도 허기진 배를 쓸어내리면서 남의 집 초인종을 누르는 택배 아저씨의 한숨이 무슨 뜻인지 그들은 알 길이 없습니다. 봉투값 50원 아끼겠다고 찢어진 봉지에다 이것저것 주워 담는 가난한 아줌마의 심정을 그들이 어찌 알겠습니까? 유통기한 지난 지 얼마나 되는지도 모르는 삼각 김밥과 바나나 우유만을 먹고 마시면서 밤새워 일하는 아르바이트 청년의 속을 알 리 없습니다. 새끼 손가락만한 틈이 있어서 햇볕이 스며드는 방으로 이사 가는 것이 평생소원인 반지하 독거노인과 고시원 청춘들이 왜 그렇게 힘들게 살고 있는지 권력자들은 그 이유를 모르실 겁니다.

우리도 시집도 가고 장가도 들고 애도 낳고 싶은데 우리 시대의 젊은이들이 어째서 결혼도 못 하고 아기도 안 낳으려고 하는지 권력자들은 모르실 것입니다. 고공 크레인 위에 올라가 300일 씩이나 농성을 하고 거기서 내려오지 못한 채 대소변을 보면서 굶고 울고 소리 지르는 사람들은 미친, 정신이 나간 사람이라고 생각하나요? 할 수 없이 이젠 이 길밖에 없어서 집안에 연탄불 피워놓고 스스로 세상을 하직하는 할머니와 딸은 그게 자살일 까요? 그렇게 죽은 이들은 자살한 것이라 정말 생각하십니까? 텔레비전으로 생중계가 되고 있는 마당에서, 점점 바다 속으로 가라앉는 세월호 안에서 '꼼짝 말고 가만히 있으라'는 말에 순종한 우리 아이들을 그냥 죽게 만든 국가는 그게 국가인가요? 그렇게 한 번 만나서 이야기 좀 하자고 발을 동동 구르면서 몇 시간씩 서서 기다리던 세월호에서 죽은 애들 엄마, 아빠의 얼굴을 피하면서 얼굴도 보지 않고 돌아선 정치인은 과연 사람인가요?

왜 망망대해에서 죽을 줄을 뻔히 알면서도 이래 죽으나 저래 죽으나 죽기는 매한가지라고 하면서 조각배를 타고 대양을 넘어 호주로 오는지, 호주 정치인들은 망명 신청자들, 보트피플들의 포기한 인생을 아시나요? 그들은 모릅니다. 그들은 인간이란, 세계란 그리고 하나님이란 어떤 분인지를 모르는 사람들입니다. 부당하게 시간당 임금을 착취당하면서 말없이 일하는 사람들의 속내가 무엇일까요? '이러다 잘리면 어쩌나. 그나마도 없으면 먹을 게 없잖아! 굶지는 말아야지. 그나마도 없으면 집세는 어떻게 내나.' 그냥 꾹꾹 참고 참으면서 속으로 눈물을 삼키는 워킹홀리데이 젊은이들과 유학생들의 심정을 벤츠나 비행기 일등석을 타고 다니며 신문에 환하게 웃는 사진 박아내시는 부자들과 큰 교회 장로님들은 모르실 겁니다.

그런데 그것은 그렇다고 칩시다. 권력자들, 부자들, 높은 자리에 앉아있는 사람들은 모르는 사람이고 몰라도 괜찮다고 합시다. 그렇지만 목사님들, 우리 목사님들만은 그럼 안 되잖아요? 목사님들은 다 알아들을 수 있잖아요? 목사님들은 성령 받은 사람들이니까 알아들을 수 있잖아요? 안 그런가요?

아르바이트

한국의 대학생들은 전문대학을 포함하여 약 350만 명이나 된다. 그런데 이들 350만 명이 거의 크고 작은, 길고 짧은 각종 아르바이트를 하고 있다. 대한민국은 350만 명의 아르바이트생들에 의해서 크고 작은 사업들을 유지하고 있는 나라이다. 이 비정규직 노동현장은 착취와 비인간적 대우로 가득 차 있다.

대학생들이 알바를 하는가?

아니면 아르바이트생들이 공부를 하는가?

참 헷갈리는 현실이다.

군사부일체

군사부일체라고 한다. 임금님, 선생님, 아버님은 하나라고 보았다. 그래서 신하들은 왕 앞에서 늘 '성은이 망극하나이다'고 말했다. 제자는 스승의 그림자도 밟으면 안 되는 것으로 알았다. 자식은 부모님의 은혜를 하늘같이 여겼다. 그런데 이런 동양의 군사부일체 사상이 무너지기 시작했다. 대통령이나 선생님을 우습게 알고, 부모님을 재판에 거는 시대가 되었다. 이젠 모든 윗자리가 비판을 받는 시대가 되었다. 대통령, 부자, 부모, 선생님 그리고 목사도 비판의 대상이다.

오지랖

시집은 언제 갈 거니? 아기는 왜 아직 안 낳니? 치마가 왜 그렇게 짧아! 그게 속옷이지 겉옷이니? 그게 팬티지 어디 반바지냐? 노후는 좀 준비해 두셨나요?

이런 질문들이 선의의 간섭으로 인정받던 시대가 지나갔다. 관심과 사랑이 넓어서 하는 말로 알아듣지 않는다. 교양이 부족하고 오지랖이 넓은 노인의 말도 받아주지 않는다.

이런 말들은 모두 다 사생활에 대한 침해가 된다. 말하는 사람의 본심과 의도가 아무리 선한 동기에서 비롯되어 있다고 해도 그 말을 듣는 사람이 불쾌하고 치욕감을 느끼게 된다면 그것은 사생활을 간섭한 일이 되고, 민사소송의 대상이 된다.

내부의 적

2015년 3월 24일, 알프스 산속에 추락한 독일 비행기 저먼 윙스에 타고 있던 150명이나 되는 승객과 승무원들이 모두 사망했다. 사고 원인은 기장이 화장실에 간 사이에 부기장인 안드레아스 루비츠Andeas Lubitz라는 사람이 조종실의 문을 걸어 잠그고 비행기를 급하강시켜서 자살 살인을 한 것으로 알려졌다. 루비츠는 우울증을 앓아온 사람이었고 정신 이상 가능성이 있는 사람이었다. 항공사는 늘 기체를 꼼꼼히 점검하였지만 그 기체를 조종하는 사람은 꼼꼼히 점검할 줄 몰랐다. 적은 외부에 있는 것이 아니라 내부에 있다. 외부에 적이 있으리라는 가정 하에 기체도 챙기고 손님도 의심하고 테러리스트에게 신경을 집중했는데 뜻밖에도 적은 내부 사람들 중에 있었다.

가장 위험한 인간은 항상 우리 내부에 있다. 밖을 의심하고 있는 너 자신을 의심하라, 제일 위험한 것은 바로 너 자신이다. 새로운 존재론적 교훈이 주어진다.

무관심

가장 나쁜 것은 무관심이다. 찾으면 찾아지고 보면 보이고 들으면 들린다. 제발 관심을 가져라. 관심이 생기면 찾게 되고, 그러면 분노도 생기고 마침내는 그 일에 참여하게 된다. 얼마나 많은 일이 내 눈앞에서 벌어지고 있는가? 빈

부의 격차, 인권의 탄압, 억울한 사람들, 이민자의 아픔에 관심을 가지자.

교회는 이성을 찾아라

"청와대는 이성을 되찾기를 바란다."

어떤 신문의 사설 제목이다. 합리적, 이성적, 논리적, 합목적이 되라는 충고다. 정치뿐만이 아니다. 대통령, 국회, 국무위원, 공무원뿐만이 아니다. 경제계, 문화계, 교육계, 체육계 등 우리 사회가 모두 이성을 되찾기를 바란다. 다들 감정적이고, 즉흥적이고, 비상식적이다.

그런데 종교계와 교육계, 특히 기독교와 학교가 제일 몰상식하고 비이성적이다. 한국교회여, 제발 이성을 되찾기를 바란다. 신앙을 되찾겠다고 떠들지 마라. 잃어버린 신앙보다 먼저 잃어버린 이성과 상식, 교양과 평범함을 되찾길 기도한다.

앵무새의 유언

지금까지 가장 똑똑한 앵무새는 미국에서 키우다가 2007년 31살로 죽은 알렉스이다. 알렉스는 약 50개 정도의 단어를 외웠고 짧은 문장도 썼다. 알렉스가 죽었을 때 뉴욕 타임스는 '똑똑한 앵무새 세상을 떠나다'의 제목으로 부고를 냈다. 알렉스의 마지막 유언은 "사랑해. 착하게 살아"였다.

재산 환원

페이스북Facebook을 만든 마크 저커버그Mark Ellot Zuckerberg 가 세 번의 유산 끝에 첫 딸을 낳았다. 부인은 중국계 여인이다. 그런데 어제 이들 부부가 자신들의 재산 99%를 사회에 기부하겠다고 발표했다. 약 45억 달러다. 한화로 치면 약 52조 2,200억 원이다. 불과 32세밖에 안 되는 마크 저커버그는 어떻게 이런 생각을 다 할까? 빌 게이츠Bill Gates 는 45살에 자기 재산의 95%를 기부하여 재단을 설립하겠다고 나섰다. 워렌 버핏Warren Buffett은 나이가 들었지만 99%의 재산을 사회에 환원하겠다고 선언했다. 이들에 비해 한국의 재벌들을 생각하면 참 슬퍼진다.

청소년 자살

한국에서 2014년도 청소년 사망률 제1위는 자살이라고 한다. 1,450명이 지난해 자살로 죽은 10대들이다.

광고의 목적

오늘날 광고의 목적은 상품을 알리는 데 있지 않다. 사람들의 욕망을 불러일으켜 소비자에게 갖고 싶은 마음을 만드는 데 있다.

편향성

우리는 주어진 정보의 편향성에 의해서 모든 것을 판단하고 결정한다. 가장 큰 것이 광고다. 반복되는 광고는 우리에게 편향성을 심어주고 더 나아가 '편향성을 가진 확신'을 갖게 해주어서 그 물건을 신뢰하게 만들고 사게 한다.

예전에 해태 지사장이 내게 말했다.

"몇 십 원짜리 껌이지만 계속해서 TV나 라디오를 통해서 '해태 껌은 좋습니다', '해태 껌은 치아를 튼튼하게 해줍니다'라고 광고를 하는 주간과 광고를 끊은 주간 사이에는 매출액에 엄청난 차이가 있습니다."

전문가를 다 믿지 말라

어떤 분야에서 소위 전문가라고 하는 사람들이 하는 말은 다 맞는 말인가? 아니다. 전문가들은 절대로 객관적이지 않다.

기회의 평등

"대부분의 사람들은 모두에게 똑같이 이득이 분배되는 것을 원하지 않는다. 인간은 의외로 평등을 원하지 않는다."

미국의 도덕 심리학자인 조너선 하이트Jonathan Haidt의 말이다.

결과의 불평등은 현실이다. 그러나 기회의 평등은 함께

약속하고 만들어야 한다. 적어도 출발선은 똑같아야 한다. 누구는 100m, 혹은 400m 앞에 세워놓고 500m 달리기를 한다면 그것은 불공정하다. 드라마 〈송곳〉에서 노무사 구고신이 말했다.

> "1등한테 상 주는 것 가지고 누가 뭐래요? 문제는 1등 못하면 벌을 주니까 문제지요!"

자기밖에 모른다

인류는 한 가족. 함께 지음 받은 형제란 말은 좋은 말이기는 하지만 사실도 아니고 진실도 아니다. 지구촌이란 말도 마찬가지다. 국제사회란 단어는 추상적 단어다. 실재하지 않는 개념이다. 우리는 한 가족이라고 하면서, 한 형제, 자매라고 하면서 같은 지구촌에서 사는 이웃이요, 한 지역사회를 구성하고 있는 성원들을 어떻게 차별할 수 있겠는가? 이렇게 양극으로 갈라질 수 있는가? 10%의 사람들이 90%를 갖고 90%의 사람들이 10%를 갖고 있으면서도 한 식구인가? 그러고도 형제와 자매인가? 과연 이웃이요, 친구들이라고 할 수 있겠는가?

정말 너무하다. 이 양극화된 구조 속에서 우리는 절대로 하나가 될 수 없다. 지구 인구의 1/7이 마실 물이 없어서 목말라 애타는데 초고속 인터넷과 최신 스마트폰이 무슨 의미가 있는가? 심장병 치료와 항암 약품 개발에 쓰는 비용의 1/100만 말라리아 퇴치 연구에 사용한다면 아프리카의 질병을 현격히 줄일 수 있으리라!

우리는 모두 이기주의자다. 우리는 모두 국익에 눈이 어두워졌고 자기 나라, 자기 민족, 자기 가족, 자기 자신 밖에 모르는 사람들이다.

부활절이 다가온다. 영안이 맑아져 그를 알아보기를 기도한다.

싸우는 이유

우리가 지는 싸움도 계속해서 싸우는 것은, 우리가 질 줄 뻔히 아는 싸움인데도 멈추지 않는 것은 혹시나 행여나 이길지도 몰라서 하는 것이 아니다. 언젠가 쥐구멍에도 볕 들 날이 찾아오리라고 기대해서가 아니다.

싸워봤자 뻔한 싸움, 마침내는 질 싸움, 살아생전에는

결코 이길 것 같지 않은 싸움 -대통령과의 싸움, 대형교회와의 싸움, 엄청난 종교 권력에 대드는 것- 이 모든 부질없어 보이는 싸움을 오늘도 멈추지 않고 계속해서 말하고 시비 걸고 분노하는 이유는 오직 내일을 위해서다. 오늘보다는 나을 내일, 나보다는 좀 더 길게 살 우리 아들, 딸, 손자, 손녀들 그들이 살아야 할 미래를 위해서 싸우는 것이다.

반짝인다고 다 금은 아니다

셰익스피어William Shakespeare는 '반짝이는 것은 모두 금이 아니다All that glitters is not gold'라 했다. 설교한다고 해서 모두 목사는 아니다. 박사 학위를 갖고 있다고 해서 모두 학자는 아니다. 자식을 낳았다고 해서 모두 부모는 아니다. 대학에서 가르친다고 해서 모두 교수는 아니다. 직급이 위라고 해서 모두 지도자는 아니다. 여러 가지 생각이 많이 떠오른다.

감옥

감옥은 아무리 시설이 좋아도 죄수를 가두어 두는 곳이다.

인간 세상은 아무리 시설이 좋고 물자가 넉넉해도 감옥이다.

세상이 아름다운 것은

세상이 아름다운 것은 하나의 색깔, 하나의 인종, 하나의 나라, 하나의 사랑, 하나의 문화, 하나의 종교, 하나의 세상이어서가 아니다. 세상이 이처럼 아름다운 것은 다양한 색깔, 다양한 인종, 다양한 나라, 다양한 사상, 다양한 문화, 다양한 종교가 있어서이다.

리우올림픽Olympiad In Rio을 보면서도 참 다양해서 아름답다는 생각을 하게 된다. 까만 사람, 하얀 사람, 누런 사람이 섞여 있다. 키 큰 사람, 작은 사람, 장애인, 비장애인이 어우러져 더 아름답다. 이제는 절대로 정상인이라는 말을 쓰면 안 된다. 만약 누가 정상인이라면 장애인은 비정상인이란 말인가? 남자, 여자, 가난한 사람, 부한 사람, 히잡을 쓴 사람, 머리에 두건을 두른 사람 등등 참 많은 사람들이 뒤섞여 있으니 보기에도 아름답고 내용에 있어서도 잠재력이 훨씬 크다.

동물의 왕국에서는 같은 짐승들끼리 모여 다른 짐승들을 잡아먹는다. 사람의 왕국에서는 다른 사람들을 안아주고 사랑해주고 함께 살아가야 한다.

직업

실제로 99%의 사람들은 연봉, 근무환경, 근무시간 같은 것을 고려하여 자신의 직업을 결정한다. 그러나 자기가 원하는 생활방식에다 중점을 두고 직업을 선택하면 그건 그야말로 직업이지 진심으로 즐기는 일은 아니다.

과학

나는 과학이 어느 분야 못지않게 정치적이고 경쟁이 치열하고 공격적이며 쉬운 길을 찾으려는 유혹으로 가득 찬 학문이라는 것을 알게 되었다.

혼탁한 시대

혼탁한 시대에는 평범하기도 쉽지 않다.

현대

정부가 인공적으로 만든 산책로로만 쳇바퀴 돌 듯 돌면서 참 벗과 교제는 고사하고 이웃에게 인사할 마음의 여백도 사라져버린 현대.

겁나는 세상

자고 나면 눈 뜨기가 겁나는 세상이다. 오늘은 또 무슨 일이 터질지 조마조마하다.

독서하는 여성

해방된 후 대한민국 국립도서관 열람 인원 중 여성의 비율은 이러했다. 1946년 20,622명 중 여성은 687명, 1948년 24,569명 중 2,515명, 1961년 317,847명 중 56,317

명이다. 2016년 인터넷 서점에서 여성 구매자 비중이 남자보다 앞질러가기 시작했다. 30, 40대는 남성보다 2배나 되고 20대도 여성이 더 많아졌다.

지난해부터 새벽에 일어나 보면 아내가 나보다 열심히 인문학 책들을 읽는다.

특유의 언어

한국에 와서 일하는 외국인 노동자들, 특히 공장 노동자들, 동남아에서 와서 일하는 이들이 제일 처음으로 배우는 한국어가 '개새끼'란다. 한국어로 세계에서 가장 널리 알려진 것이 최근 조사로는 북한에서 쓰는 '주체', 남한에서 쓰는 '한류', 남북에서 쓰는 '김치'인데, 최근 한 가지가 더 추가된다. '갑질'이다. 영어로는 번역하기가 어렵다. 주체, 한류, 김치, 갑질 다 번역하기가 어려운 한국 특유의 언어다.

걱정

진짜 한국 사람들은 해도 해도 너무한다. 어떤 영화는

한 번 히트 치면 관객이 천만 명을 넘어선다. 대한민국 국민 네 명 중 한 명은 이 영화를 보는 것이다. 이건 진짜로 생각하고 사는 삶이 아니라 생각 없이 그냥 따라가는 삶이다. 촛불집회도 그저 남들이 다 하니까 나도 따라서 한 번 해보는 것이 맺어놓은 결과가 아닌가 싶어 은근히 걱정이 앞선다.

생각도 못했던 일

세상에는 내 생각을 벗어나는 일들이 참 많다.

"생각 밖의 일이야!"

이런 경우는 정치, 경제, 종교, 스포츠, 음악, 미술 등 여러 곳에서 나타난다.

"그건 진짜 생각도 못했던 일이야!"

지금 정치도, 경제도, 종교도 진짜로 생각도 못했던 일들이 현실로 나타나고 있다.

디지털 유목민

요즘 사람들은 점점 더 회사 사무실이라는 공간적 속박에서 벗어나 디지털 유목민이 되어간다. 아침 9시 출근, 저녁 5시 퇴근이라는 틀에서 벗어난다. 사무실 칸막이에서 벗어나려고 한다. 24시간 온 세계에서 자유자재로 프리랜서로 일한다. 디지털 유목민은 제3의 문화를 가진 아이들의 성인판이다. 앞으로 20~30년 사이에 전통적인 직장 개념은 사라질 것이다. 모든 것이 온라인으로 옮겨가고 사무실 같은 장소에 구애받지 않게 될 것이다.

시(詩)

시란 '말 할 수 없는 것을 말하려다 계속해서 실패하는 것'이다. 시인이 할 일은 자기 자신, 세상과는 불화하고 오직 시하고만 화해하는 것이다.

원인

결과에 대한 원인이 어찌 한쪽에만 있으랴?

제자

영리한 제자는 배은背恩한다.

멍청한 제자는 망은忘恩한다.

편견

편견이나 선입견이 우리의 대부분 판단을 결정한다. 일단 그 사람에 대한 어떤 호불호가 있는 상태라면 우리는 그가 하는 일을 무조건 지지하거나 반대하게 된다.

천천히 해야 할 일

중요한 일이긴 하지만 천천히 해야 할 일들이 있다. 중요한 일은 아니지만 오늘 해야 좋은 일들이 있다. 중요한 일과 별로 중요하지 않은 일, 급하게 처리해야 할 일과 천천히 해도 되는 일들은 반드시 일치하지는 않는다.

사실

사실이란 것이 정말로 있기나 한가? 사실을 말하는 사람에게는 사실이라 생각되겠지만 아닌 경우도 있다. 사실이란 만들어지는 것이다. 사실이란 처음부터 존재하는 것은 아니다. 자신이 보고 듣고 경험한 것이 사실이다. 그렇기에 사실이라 무조건 확신하고 주장하는 것은 옳지 않다. 그는 사실의 일부만 사실이라고 말하는 것이다.

손님 대접

우리 집을 찾아온 손님이든, 우리 집으로 초청한 손님이든 손님 대접을 제일 잘하는 것은 그분이 하는 이야기를 잘 들어드리는 것이다.

대학

대학은 진리가 아닌 영리를 추구하는 조직이다.

양극단은 없다

만인으로부터 다 호감을 받는 경우나 만인으로부터 다 미움을 받는 경우는 둘 다 좋지 않다. 그것은 위선이나 위악의 경우에만 생긴다. 양극단이란 실제로 존재할 수 없다. 사회란 이웃을 내 몸처럼 사랑할 수 있는 구조도 아니고 동시에 만인에 대한 만인의 투쟁장도 아니다. 사랑과 증오, 모순과 대립이 공존하는 게 세상이다. 이런 사실을 은폐하거나 미화하고 부정해서는 안 된다.

감옥

감옥이라는 마을에 가보니 거기는 나쁜 사람보다 좋은 사람이 더 많았다. 어느 곳이나 선량한 사람이 더 많은 법이다.

된장찌개는 뚝배기에

형식과 내용, 겉과 속이 서로 맞아야 한다. 겉만 너무 튀면 광고카피가 된다. 붓글씨도 서예체書藝体에 너무 연연하면 안 된다. 민체다, 연대체다, 어깨동무체나 유배체다, 궁체다, 고체다, 글씨 형식에 너무 매이면 안 된다. 서로 어울려야 한다. 형식과 내용이 어울려야 한다. 된장찌개는 뚝배기에 담아야 하고 과일 화채는 유리그릇에 담아야 한다.

생각과 행동

"보기 전에 뛰어라Leap before you look"는 "뛰기 전에 보아라Look before you leap"라는 속담을 뒤집어 놓은 언어유희이다. 무슨 일을 실행하기 전에 먼저 신중하게 생각하라는 말을 이제는 머뭇거리지 말고 당장 실행하라고 부추긴다.

그림자는 몸의 일부인가?

아델베르트 폰 샤미소Adelbert von Chamisso가 쓴 소설 『그림자를 판 사나이』(1824, 최문규 옮김, 열림원 2002)에서 주인공 페터 슐레밀은 '회색의 사나이'에게 자신의 그림자를 판다. 금을 무한정 만들어내는 '행운의 자루'를 얻기 위해 자기의 그림자를 팔아 그는 그림자가 없는 인간이 되고 만다.

여기서 돈은 무엇이고 그림자란 무엇일까? 많은 생각을 하게 한다.

시각장애인에게 지팡이는 신체의 일부인가, 아닌가? 상실된 신체기능을 보완한다는 점에서 지팡이는, 몸에 삽입되지만 탈착이 가능한 틀니나 몸에 삽입된 후 탈착이 불가능한 인공심장과 별 차이가 없다. 틀니나 인공심장이 신체의 일부라면 지팡이도 신체의 일부다. 이런 관점에서 볼 때 인간의 그림자도 신체의 일부다. 신체의 연장이라고 할 수 있다.

문화의 옷을 입어야 사람이다

주디스 버틀러Judith Butler의 『젠더 트러블』(조현준 옮김, 문학동네 2008)은 정체성이 섹스, 젠더, 섹슈얼리티라는 확고한 개념을 통해 정리되지 않는 한, 즉 젠더의 규범을 따르지 않는 인간존재는 사람처럼 보이더라도 결국은 사람으로 정의되는 데 실패한다고 말한다.

인간과 사람

전통사회에서 사회적 성원권Social Membership을 주지 않거나, 얻을 수 없었던 인간들, 즉 인간은 인간이었지만, 사람으로는 쳐주지 않았던 부류는 아기(태아), 노예, 여성, 군인, 사형수 등이다.

'인간'이란 자연적 사실이다. 사회적 인정을 받지 않아도 인간은 인간이다. 그러나 '인간'이 '사람'이 되기 위해서는 사회 안에 들어가야 한다. 사회가 그의 이름을 불러주고 그에게 자리를 만들어주어야 사람이 된다. '사람'이란 일종의 '자격'이고 '인정'이고 '승인'이다. 사람은 사회적 성원권membership을 통해서만 사람이 된다.

갓난아기가 사람이 되려면

태아는 분명히 인간이지만, 아직 사회(부모, 가정) 안으로 들어오지 않았기 때문에 사람으로 여겨지지 않는다. 태아가 어머니의 자궁 밖으로 나와 어머니의 몸과 분리되는 출산의 순간에 비로소 사람의 지위를 얻게 된다. 유산된 태아를 위해서는 애도의례를 행하지 않는 이유가 거기에 있다.

유산된 태아의 시신은 시체가 아닌 일종의 폐기물로 취급된다. 강간에 의한 임신의 경우 낙태에 찬성하는 것은 그 태아를 아직 사람으로 여기지 않는다는 뜻이다. 만약 완고한 낙태반대론자들이 강간 임신도 낙태를 시킬 수 없다고 한다면 문제는 달라진다. 만일 태아도 사람이라면 강간이 아니라 그 어떤 경우도 낙태를 시킬 수 없다. 어쨌든 그건 살인이기 때문이다.

갓 태어난 아기에게 이름을 붙이고, 이름을 불러주는 행위로 사회는 그를 사람으로 인정하고 환대한다. 미국인들이 개와 말을 먹지 않고 소와 돼지를 먹는 것은 개나 말에게도 이름이 있기 때문이라고 보았다. 이름을 붙이고 이름을 부르는 존재에 대해서는 그 생명을 끊을 수 없다고 본 것이다.

마샬 살린즈Marshall David Sahlins의 『문화와 실용논리』(김성례 옮김, 나남, 1991)에 의하면 물건은 소비될 수 있다. 소나 돼지는 이름이 없으므로 물건이다. 그래서 소나 돼지는 부위별로 해체되어 팔릴 수 있다. 낙태를 원하는 산모는 태아에게 이름을 붙이거나 말을 걸지 않는다.

갓난아기는 태어나 사회적 환대라는 통과의례를 통하여 사회 속으로 들어오고 사람이 된다. 전통사회에서는 출생과 사회적 환대 사이에 시간적 간격을 두었다. 그 기간 동안 아기는 인간이기는 하지만 아직 사람은 아닌 것으로 간주되었다. 아기에게 아직 이름은 지어주지 않고, 이름을 부르지 않고 여전히 배내옷을 입히는 동안은 아기가 이 세상에 들어온 것이 아니라 문지방 단계에 있다는 의미이다.

사회적 환대인 감사기도, 축하인사, 세례식, 백일잔치를 거쳐서 아기는 사람이 된다. 만약 아기가 그 이전에 죽으면 태아가 사산한 것 같이 여겼다. 그러나 오늘날은 아기가 태어나자마자 즉시 국가가 개입한다. 아기는 태어나자마자 사람으로 승인되고 사람으로 보호를 받는다. 현대 사회는 출생 자체를 통과의례로 본다.

노예

'노예는 태아와 같다.' 투아레그Tuareg의 속담이다. 노예는 죽었을 때 아무런 의례를 하지 않고 그냥 치웠다. '사람'으로 인정되지 않았기 때문이다. 노예에게는 얼굴Face, 즉 체면이 없다. 명예honor도 당연히 없다. 이름도 가질 수 없다. 노예는 권리와 의무의 주체가 될 수 없다. 노예에게 이름이 없다는 것은 곧 가족Family이 없고 성Family Name이 없다는 뜻이다. 노예에게 성이 있는 경우는 주인의 성이다.

로마법은 노예가 사람persona이 아니라 물건res이라고 규정했다. 사고 팔 수 있고, 재산, 성(이름), 결혼을 인정해주지 않았고, 아기를 낳아도 부모로서의 권리가 없다. 노예는 소송을 할 수 없었다. 노예는 잘못했다고 해서 피고가 될 수도 없다. 노예가 잘못한 것은 주인이 민사상 책임을 져야 했다. 집에서 기르는 개가 잘못했다고 해서 개에게 재판을 걸 수는 없는 것과 같은 이치이다. 주인은 노예에게 무슨 짓을 해도 삼자의 간섭을 받거나 형사상 소추되지 않았다. 죽여도 물건을 부순 것처럼 여겼다. 자기 물건 자기가 부시든지, 태우든지, 버리든지, 누가 무슨 상관이냐는 것이다. 노예는 사회적으로 죽은 자socially dead person이고, 사회에서 쫓겨난 자, 잃어버린 자이다.

여성

유교적 가부장 사회에서는 여성도 노예와 비슷하게 취급되었다. 출가외인이란, 여자를 자신들의 집단사회에서 제명 처분했다는 뜻이다. 제사(종교의식)에 참석할 수 없고 재산을 물려받을 수 없고 친정 일에 일체 간섭할 수 없었다. 더 큰 문제는 시집에서 쫓겨나더라도 친정으로 돌아올 수 없었다. 시집의 족보에 오르지도 못하고 제사에도 참여할 수 없었다. 그녀는 두 집안 모두에게서 성원권을 박탈당했다.

'시집살이는 종살이'라는 말은 맞는 말이다. 꼭 한 가지 다른 것은 노예는 어떠한 명예나 권리가 없지만 여인은 아들을 낳으면 시집과 혈연관계가 형성되고 일정한 권력을 행사할 기회를 갖게 된다는 것이다.

군인

현대전에서 군인은 사람이 아니라 물건이다. 현대전에서 적군을 죽이는 것이 인권문제가 되지 않는 것은 사람이 한 행동이 아니라 물건이 저지른 것이라고 보기 때문이다. 전쟁은 살인이나 범죄행위가 왜 아닌가?

전쟁은 인간 대 인간의 관계가 아니라 국가 대 국가의 관계이다. 전쟁에 나가는 군인은 인간도 아니고 시민도 아니고 단순한 병사일 뿐이다. 병사는 조국의 구성원이 아니라 조국의 구성원을 지키는 방위병이다.

군인은 전쟁에서 인간을 죽이는 것이 아니라 물건을 파괴한다. 군인은 적을 어떠한 경우에도 인간으로 대해서는 안 된다. 군인은 적에 의해서도 죽지만 자기편에 의해서도 죽는다. 그러나 전투 중에 일어난 살인에 대해 그는 양심의 가책이나 법적인 추궁을 받지 않는다. 그는 인간을 죽인 것이 아니기 때문이다.

전투 파업

미하엘 유르크스Michael Jurgs의 『크리스마스 휴전, 큰 전쟁을 멈춘 작은 평화』(김수은 옮김, 예지, 2005년)는 전쟁 중에 일어난 군인의 인간미에 대한 이야기이다. 본래 군인에게는 우호의 권리가 없다. 환대는 사람의 권리이고 환대를 통해서 우리는 사람이 된다. 군인은 환대Hospitality와 친교 Friendship를 가질 수 없다.

1914년 크리스마스 때 서부전선 곳곳에서는 군인들끼리 자발적인 휴전이 시작되었다. 크리스마스 하루라도 평화롭게 보내고 싶은 군인들의 욕구를 장교들이 통제할 수 없었다. 전투 파업(?)은 촛불과 캐럴로 시작하여 사격이 멈추고 시체를 수습하고 술과 담배를 교환하는 것으로 나아갔다. 이어서 기념사진을 촬영하고 심지어 적과 축구까지 하게 되었다. 군 당국은 당황하였다. 사령부는 이 사건을 은폐하려고 했다.

사령부는 적군과 친교를 나누고 환대하며 우호 행위를 한 자들과 그 주모자들을 체포하여 군법으로 다스리라고 엄명을 내렸다. 몇몇 장교들은 본보기로 처벌을 받았다. 병사들은 싸울 마음이 없었지만, 다시 업무로 복귀하여 총을 쏘고 죽이는 일을 계속 했다. 그들 대부분은 죽어서 시체로 그 전장을 떠났다.

군인과 깡패

군인에게는 인격이 없다. 그들은 명예를 위해 싸우는 것이 아니라 생존을 위해 싸운다. 군인은 노예와 같다. 명예가 없기 때문이다.

뒷골목의 깡패들에게는 명예가 있다. 규칙이 있다. 두목이 싸울 때 부하들은 끼어들지 않는다. 두목의 위신을 손

상시켜서는 안 되기 때문이다. 그런데 군인과 전쟁에는 이
게 없다.

학살

인디언들은 백인들이 대포를 쏘고 맞대결 없이 그냥 무
차별적으로 쳐들어오는 것을 보고 '이것은 전투가 아니라
학살'이라고 이해했다.

이상적인 전투

가장 이상적인 전투는 대표 선수들끼리 맞대결로 치루
는 것이다. 왜냐하면 전쟁은 신들의 심판을 받는 신성한 대
결이기 때문이다.

사형수는 사람이 아니다?

존 로크John Locke 이후 사형수는 사람이 아니라고 보았
다. 국가는 사람을 죽이는 것이 아니다. 사형수는 사람의

자격을 박탈당했다. 국가는 사람이 아닌 물건을 폐기처분한다. 그러므로 사형은 살인이 아니다. 국가는 살인을 하는 것이 아니라, 이미 인간의 자격을 상실한 한 물건을 없앴을 뿐이다.

그러나 체사레 베카리아Cesare Beccaria는 『범죄와 형벌』 (한인섭 옮김, 박영사, 2006)에서 사형은 살인이고 한 사람의 시민에 대한 국가의 전쟁이라고 보았다.

타이모크라시

타이모크라시Timocracy는 노예제도와 명예에 집착하는 문화를 일컫는 개념이다. 여기에는 우월해지려는 욕망과 권위에 대한 복종과 관직에 대한 야망과 군인다움에 대한 존경 그리고 금전에 대한 집착이 포함된다.

인류학자 김현경은 타이모크라시에서 한국인의 얼굴을 떠올린다고 했다. 경상도는 양반문화가 뿌리 깊은 곳이다. 양반 노릇을 하려면 종이나 머슴이 있어야 한다. 양반이란 아랫것들과 구별된다. 경상도는 한나라당을 지지한다. 그들은 광주학살을 주도했던 사람들과 그것을 은폐하려고 했던 세력들을 기반으로 한다. 그런 자들에게 몰표를 주는 것은 단순한 지역감정이 아니라 정치 인류학적 이유가 있다. 한국의 경상도는 미국 남부만큼이나 타이모크라시하다.

인권투쟁은 성원권 투쟁이다

나도 끼워 달라.

나도, 우리도 당신들과 같이 놀고 먹고 살고 싶다.

우리를 당신들 집단의 회원으로 받아 달라.

짐크로우법

사회적 성원권과 그 사회에서 환대를 받는다는 것은 다르다. 구별된다. 예컨대 내가 일본에 간다고 해서 나는 일본 사회의 구성원이 되는 것이 아니다. 나는 한국인으로서 잠시 일본에 머물 뿐이다. 그래도 일본인들은 나를 사람으로 인정하고, 따뜻하게 환대해줄 것이다. 내가 그 사회의 사회적 성원이 아니라 하더라도 나는 사람으로 인정받고 환대를 받게 된다.

사회적 성원권과 소속감도 다르다. 어떤 사람이 관광비자로 호주에 와서 눌러 앉았다. 그에게는 언제 사회적 성원권이 부여되는 것인가? 정착하기로 결심했을 때인가? 불법체류자의 신분을 벗고 드디어 영주권을 받았을 때부터인가? 아니면 시민권 선서를 하고 호주 여권을 받게 되었을 때부터인가? 아니면 영어를 유창하게 구사하게 되었을 때부터인가?

　사회적 성원권과 법적 지위도 구별되어야 한다. 어떤 사람이 정당한 절차를 밟고 이민을 갔다. 그는 호주에 도착한 날부터 자기는 이 사회의 당당한 성원권을 가지고 있다고 생각할 수 있다. 그는 어디 가든지 떳떳하기 때문이다. 일도 하고, 세금도 내고, 질서도 지킨다. 공공장소에서 다른 사람들과 동등하게 대접받는다. 식당에 갔을 때, 어느 종업원이든 어디서 왔느냐, 언제 왔느냐, 영주권이 있느냐고 묻지 않는다. 친절하게 자리를 안내하고, 일행이 몇 명이냐, 담배를 피우느냐 아니냐만 물어볼 뿐이다. 환대는 성원권과 상관없다.

　그러나 이 경우는 다르다. 1960년 2월 1일, 노스캐롤라이나 그린스보로의 울워스백화점 간이 식당에서 흑인 대학생 네 명이 커피를 주문했다. 그런데 점원은 주문을 받지 않았다. 그들은 가게가 문을 닫을 때까지 버티고 앉았다. 다음날 그들은 친구들을 데리고 다시 왔다. 셋째 날은 시위에 참가 한 학생이 육십 명으로 불어났다. 미디어가 보도하기 시작했다. 이 '앉아있기Sit-ins' 운동은 남부의 다른 도시로 퍼져나갔다.

남북전쟁 후 미국에서 만들어진 짐크로우법Jim Crow Law은 말로는 평등하다고 했지만 수많은 분리 정책을 통하여 흑과 백을 차별했다. 참정권, 도서관 이용, 학교, 극장, 호텔, 카페 등에서 흑인들이 들어갈 수 없거나 들어가도 뒷문으로 들어가야 했고, 들어가더라도 구별된 공간과 자리를 이용해야 했다. 똑같은 사회적 구성원이 되었다 하더라도 환대 받는 데 있어서의 차별, 소속의 구별, 법적 지위의 차별이 있다.

안네 프랭크의 일기

우리는 똑같은 사람이고 시민이었지만 네덜란드에서 차별을 받는다. 우리는 가슴에 노란 별을 붙여야 한다. 우리는 전차를 탈 수 없다. 우리는 자가용이 있어도 타서는 안 된다. 우리는 자전거를 관청에 바쳐야 한다. 우리는 오후 3시부터 5시 사이에만 쇼핑을 해야 한다. 우리는 유태인이 하는 이발관에만 갈 수 있다. 우리는 저녁 8시부터 아침 6시까지는 집 밖으로 나올 수 없다. 극장이나 콘서트장이나 수영장이나 테니스코트나 축구장에 가서는 안 된다.

마구간에 불이 났다

마구간에 불이 났다. 공자가 와서 다친 사람이 없느냐고 물었다. 말에 대해서는 묻지도 않았다.

두 가지 의견이 있었다. 공자는 참으로 인간적이고 인간을 중시하셨다.

공자는 참 생명에 대한 관념이 좁은 사람이다. 어찌 사람의 생명만 생명인가? 처음에는 사람의 생명을 물었다면, 그 다음은 말의 생명도 물어야 하는 게 아닌가?

공자 당시 말 한 마리 값은 노비 세 사람 값이었다. 비싼 말에 대해서는 일언반구도 없었던 공자는 어떤 사람인가?

감옥이란

"감옥이란, 감옥 밖에 있는 사람들로 하여금 자기들은 감옥에 갇혀있지 않다는 착각을 주기위한 정치적 공간이다."

미셸 푸코 Michel Foucault**의 말이다.**

여행이란

떠나는 것이다.

익숙한 공간. 자신의 성城을 떠난다.

만나는 것이다.

낯선 사람과 풍광을 만난다.

돌아오는 것이다.

여행의 종착지는 자신이다.

변화된 자신으로 되돌아오는 것이다.

제5장

답을 아는
인생이 있을까?

쓰레기통에 있다고 다 못 쓸 것은 아니다.
재활용품이 새 상품보다 하늘나라에 가깝다.

지랄 총량의 법칙

'지랄 총량의 법칙'이 있다. 모든 인간에게는 일생 동안 쓰고 죽어야 할 지랄의 총량이 정해져 있다는 법칙이다. 어떤 사람은 사춘기에 그 지랄을 다 써버린다. 어떤 사람은 나중에 늦바람이 나서 그 양을 소비한다.

노인이 되는 증거

불끈 솟아나는 성욕을 느끼지 못한다. 숲속에서 캠핑을 하는 것이 더 이상 신나지 않는다. 그것이 즐겁지 않을 뿐만 아니라 고된 노동이 되어버렸다. 1년에 한 번도 짜릿한 경험이 없이 산다. 하루 24시간 중에서 4시간만 지나면 지루해진다. 이것이 노인이 되는 증거다.

보상

열심히 일하면 언젠가 그 보상이 돌아온다. 그러나 지금 게으름을 피우면 그 보상이 오늘 찾아온다.

놀이

영어의 'School학교'는 고대 그리스어 'Schole여가, 놀이'에서 나왔다. 플라톤은 순수한 놀이에 신의 뜻이 담겨있다고 말했다.

인간은 신이 놀고 싶어서 만든 장난감이다. 우리가 인형을 만들듯이 신도 우리를 그의 인형으로 만들었다. 그러므로 인간이 신의 뜻을 이루어드리는 최고의 상태는 잘 노는 것이다. 잘 놀면 신이 즐거워하신다. 잘 놀면 하나님은 영광을 받으신다. 싸우지 않고 말이다.

가장 옳게 사는 방법은 인생을 놀이처럼 사는 것이다. 인생이란 하나의 커다란 장난이다. 인간은 놀이를 통하여

인생을 초월한다. 우리는 규칙을 이해하지 못한 채 경기에
참가한 선수들이다.

축복으로서의 늙음

늙어서 새로운 경험을 하지 못하는 것은 커다란 축복이
다. 인간의 욕심이란 끝이 없어서 늙어서도 예전에 다 해보
았던 일들을 부족하다고 생각하고 다시 경험해보려고 한다
면 세상은 요지경이 될 것이다. 이미 다 해본 일이니 초연
해지는 것이 노년이다.

인정해야 할 것

사람이 늙으면 반드시 인정해야 할 것이 있다. 그때는
그때고 지금은 지금이며, 그때와 지금은 다르다는 사실이다.
"그런 시절은 다시 돌아오지 않으리."
프랭크 시나트라Frank Sinatra의 노래 가사다. 맞다! 그때
그 시절은 다시 돌아오지 않는다. 그것은 슬픔이기도 하
지만 사실은 그렇기 때문에 안심이 된다.

프랭크 시나트라는 말한다.

"이제야 알았어. 이제야 산다는 게 그런 거라는 걸 알았네."

노년의 축복

아름다운 여성, 벌거벗은 여인의 모습이 나에게 욕정을 불러일으키지 않고 그냥 아름답게 보일 때, 그때가 마침내 노년이다. 그 나이가 참 슬픈 일이기는 하지만 그 나이가 되기까지 살아온 것은 축복이기도 하다.

"노인은 다정다감하게 사랑할 줄은 모르지만 동시에 격렬하게 미워하지도 않는다. 노인은 사랑할 것도 미워하고 미워할 것도 사랑한다."

아리스토텔레스가 『수사학 제2권』에서 한 말이다.

죽기 적당한 나이

때 이른 죽음이 아닌 죽음은 하나도 없다. 어느 나이가 죽기에 적당한 나이인지는 여전히 논란의 대상이다.

노인은 너무 늙어서 일찍 죽을 염려가 없는 나이를 말한다.

미래가 두렵지 않다

노인이 되면 미래가 두렵지 않다. 미래를 두려워하는 사람은 아직 노인이 아니다. 그냥 아름답게 보인다. 노인이 되면 모든 것에서 벗어난다. 노인에게는 인생 장기판의 승패가 이미 판가름이 났다. 말을 어디다 움직여도 괜찮다. 초조하게 생각할 필요가 없다.

미래를 겁내는 사람은 아직 노인이 아니고 따라서 현자도 아니다. 노인이 되면 제 나이를 제가 마음대로 정한다. 어제는 90세였다가 오늘은 88세가 되고 내일은 92세가 된다.

연명치료

현대 의학이 엄청난 비용을 지출하면서 남긴 것은 노쇠 현상의 연장이다. 예전에는 심장마비나 뇌졸중에 걸리면 죽었다. 그것으로 끝이었다. 그런데 지금은 스탠트나 바이패스를 삽입하는 수술을 한다. 약을 엄청 먹인다. 우리를 죽지 못하게 만든다. 죽음의 문턱을 넘어가지 못하게 붙들고 있다. '죽지 마! 죽지 말고 고생해!'라고 말하는 것 같다.

참 웃기는 짓이다. 알츠하이머나 파킨슨병은 보너스이

다. 방광이 고장 나서 소변을 질질 흘리고 사지가 떨린다. 기력은 쇠하고 머리는 쇠약해져서 친했던 사람들도 못 알아보고 가족들도 분간을 못한다. 자기 나이도 모른다. 살아 있어도 살아있는 것이 아니다.

달관

통제할 수 없는 것에 너무 집착하지 말라. 소득도 없고 고통만 증가하고 추해진다. 내 능력이 미치지 않는 일은 그냥 흘려보내는 것이 좋다.

맹자의 죽음관

현자는 자신이 살 수 있을 때까지 살지 않고, 살아야 할 때까지만 사는 것이 좋다고 했다. 맹자는 사는 것도 원하고, 의롭게 되는 것도 바랐다. 둘 중 하나를 택해야 한다면 사는 것을 버리고 의를 택하겠다고 했다.

일찍 죽느냐, 늦게 죽느냐가 문제가 아니다.

바로 사느냐, 앓다가 죽느냐가 문제이다.

진단의 때

노인이란 진단을 기다리는 시기이다.

치명적인 진단의 때를 기다리며 사는 시간이다.

산냐사

힌두교는 인생을 4단계로 나눈다.

첫 단계는 브라마차리아Brahmacharya이다. 학생 단계로 준비의 기간이다. 두 번째 단계는 그리하스타이Grhastha다. 일하는 단계이고 성장하는 시간이다. 세 번째 단계는 바나프라스타Vanaprastha인데 봉사의 단계이다. 네 번째 단계는 산냐사Sannyasa이다. 명상의 단계로 버리는 시간이다.

노년기는 산냐사이다. 곧 명상의 단계이고 버리는 단계이다. 이때 제일 먼저 버려야 할 것은 종교다. 그래서 힌두교의 경전인 베다경을 불태우는 것으로 시작한다. 그리고 얻어먹으면서 살아야 한다고 한다. 지금 우리 어머니가 산냐사의 단계이다.

노인이 불행하면

젊은 사람들은 노인들이 불행하면 부담을 느낄까? 나는 자식들이 혹시라도 부담스러워하거나 기분 상할 일이 생기지 않도록 내 불행한 모습을 보이고 싶지 않다.

남은 삶의 3대 과제

속을 준비를 하면서 남은 생애를 살자.
잃을 준비를 하면서 남은 생애를 살자.
질 준비를 하면서 남은 생애를 살자.
이것은 내 남은 생애의 3대 과제이다.

초월의 길

노인이 되면 점점 맛을 잃어간다. 짠 것과 싱거운 것, 단 것과 쓴 것, 맛있는 것과 맛없는 것의 차이와 구별이 점점 흐릿해진다. 노인이 되면 귀 또한 잘 들리지 않는다. 들려도 그만이고 안 들려도 그만이 될 때 점점 노인이 된다. 시력도 마찬가지다. 보아도 감동이 없고 못 보아도 아쉬움이 없다.

노인이 되면 모든 것이 다 비슷해진다. 친구와 원수, 선과 악, 사랑과 미움, 심지어는 진리와 거짓, 거룩한 것과 속된 것도 딱 부러지게 나누어지지 않는다.

득도의 길, 해탈의 길, 영원한 나라를 향한 길이 점점 가까이 오면 초월한다. 육체의 감각도 초월하고 정신적 판단도 초월한다. 모든 인간은 죽기 직전이 되면 마침내 초인이 된다. 죽음은 우리를 초월의 길로 인도한다.

오락

2015년 7월, 은퇴 후 내가 즐길 오락娛樂을 오락五樂으로 정리해본다. 나는 무엇을 하면서 내 여생을 즐길 것인가?

첫째는 독서다. 옛 책고전과 새로운 책들을 두루 읽겠다. 특히 고전 중에서 동양고전들을 읽겠다. 새 책 중에서는 인문학 서적들을 찾아 읽겠다. 독서의 즐거움을 맘껏 누리겠다. 여기에 클래식 음악 듣기가 포함된다.

둘째는 대화다. 사람들을 만나서 차를 마시거나 밥을 먹으면서 인생, 신앙, 종교, 정치 등 사람 살아가는 이야기를 일주일에 한두 번씩은 하면서 즐기겠다.

셋째는 가르침과 설교다. 신학교와 교민사회에서 가르치는 시간을 계속하거나 만들어서 강연, 토의, 글쓰기를 하는 즐거움과 한 달에 한두 번 교회에 가서 설교하는 일을 계속하여 즐겁게 가르치고 재미있게 설교하는 일을 내 오락으로 삼겠다.

넷째는 운동이다. 힘이 닿을 때까지 골프를 계속하겠다. 일주일에 한두 번은 우리 동네를 걷겠다. 참 좋은 동네에서 살게 해주신 하나님께 감사하면서 골프를 하거나 걷기를 하면서 즐겁게 놀겠다.

다섯째는 여행이다. 1년에 한 번 정도 국내여행을 한 주간 하고, 해외여행을 두 주간 정도 하고 싶다. 여행을 통하여 몸과 마음을 늘 새롭게 하고 싶다.

나는 이 오락五樂을 나의 오락娛樂으로 삼겠다.

일흔 나이에

누구든지 나이가 들면 이곳저곳 아프고 약한 부분이 생

기게 마련이다. 그때쯤 되면 행복하고 즐겁게 살기가 무척 어렵게 되었다는 것을 알게 된다. 그런데도 불구하고 자꾸만 옛날처럼 신나고 즐겁고 행복하게 살려고 하면 안 된다.

내가 이제 일흔이 넘어서니 그것을 인정하고 모든 것은 운명, 하나님의 정하신 때로 여길 만한 마음이 생긴다.

후회도 신앙이다

장인어른은 평생 성결교회 목사님으로 사시다가 2001년 미국에서 돌아가셨다. 수원성결교회에서 목회하셨고 교단 총무로도 지내셨다. 종암교회에서 목회하시다가 당시로서는 파격적으로 65세에 은퇴하셨다. 남미에 가셔서 이민교회와 신학교를 위해서도 일하셨다. 성결교회의 원로로서 미주 성결교회의 총회장을 지내시고 80세에 돌아가셨다.

장인어른은 말년에 '후회 없는 인생', '후회 없는 목회'에 대한 설교를 자주 하셨다. 나도 몇 번이나 들었다. 그런데 요즘 나는 '후회할 줄 모르는 세태' 속에서 '후회라도 할 줄 아는 인생'과 '후회라도 할 줄 아는 목회'에 대한 생각을 자주한다. 물론 후회, 회상, 돌이킴, 반성, 회개는 그 뜻이 모두 차이가 있다. 그런데 요즘은 주변에서 교인들을 보든, 학생들을 만나든, 동료 목사나 선생들을 돌아보든 너무도 후회 없는, 후회할 줄 모르는, 후회하면 큰일이라도 날 것처럼 생각하는 뻔뻔한 사람들이 참 많다.

'후회 없는 인생'이 아니라 '후회할 줄 아는 인생', '후회 없는 목회'가 아니라 '후회할 줄 아는 목회자'가 되어야 하겠다. 후회하기 위해선 용기가 필요하다. 후회도 신앙이다.

나는 날마다 후회한다.

놀 때는 더 열심히

일할 때는 열심히!

놀 때는 더 열심히!

공부할 때는 열심히!

놀 때는 더 열심히!

이것이 호주와 미국식 삶의 태도다. 놀 줄 모르는 사람은 일할 줄도 모르고, 공부도 잘 못한다. 만약 이 말이 사실이라면 나는 일도, 공부도, 노는 것도 어느 하나 제대로 할 줄 아는 것이 없는 사람이다.

인생이란

물론 세상은 더 좋은 방향으로 달라져야 한다. 나는 이 세상을 변화시키기 위해서 무엇인가를 해야 한다고 생각했다. 그리고 큰일은 아니라 하더라도 작은 일이라도 보다 더 나은 세상을 위해서 무엇인가 할 일이 있으리라고 생각했다.

그렇지만 72세가 되는 2016년 1월 1일, 나는 깨달은 바가 있다. 나는 이 세상의 변화를 위해서 지금까지 별로 한 일도 없고, 앞으로도 더 나은 세상을 위해서 내가 할 일이 별로 없다.

난 그냥 사는 것이다. 그냥 혼자서 행복하다고 여기는 것이다. 그냥 내가 하는 일들이 이 세상을 해롭게 만들지는 않아야지 하면서 살면 된다.

브레이드우드에 있는 Eve의 시골집에서 새해를 맞이하며 인생이란 그냥 경쟁하지 않고 주어진 현실을 감사하면서 단순하게 사는 것이라는 것을 깨닫게 되었다.

성실한 실패자

공과대학 교수인 서울대학교 이우일 부총장의 칼럼 '성실한 실패'를 읽으면서 느낀 것이다. 물론 그분은 과학자로서 연구와 개발에 따른 정부의 평가에 대해서 글을 썼다. 그러나 나는 평소에 늘 생각하던 대로 목회, 목사, 교인, 인간으로서 성취 가능한 것을 목표로 세우는 어리석음을 버려야 한다고 생각한다. 성공할 만한 것을 찾아서 공부하고 연구하고 노력하는 것은 결코 바람직한 태도가 아니다. 특히 목회자로서, 신앙인으로서, 한 인간으로서 우리가 추구해야 할 목표는 죽을 때까지 노력해도 결코 이룰 수 없는 '가장 최고의 이상적인 것'을 염두에 두고 세워야 한다. 그리고 아마 나는 내 목회가 끝날 때, 내 생명이 마지막에 이르렀을 때 고백하게 될 것이다.

"목표를 달성하지 못했습니다. 나는 인생의 실패자입니다."

성실한 실패가 값싼 성공보다 훨씬 귀한 것이다.

불가능한 목표

불가능한 목표를 이루지는 못하더라도 그 목표를 향하

여 성실하게 노력하는 삶이 아름답다. 그리고 그 실패를 '성실한 실패'로 인정할 줄 알아야 우리 사회는 한 발 더 앞으로 나가게 된다.

관계 단절

인생의 길에는 관계를 끊기로 결심하는 것이 필요할 때가 있다. 모든 힘든 일에는 반드시 더 나은 가치가 있다. 관계를 끊어 본 사람에게는 자유가 있다. 거기에 자유의 기쁨이 있다.

제자리

세상은 임시 거처이다. 걷다 보면 출발했던 곳으로 다시 돌아온다. 걷기는 해도 사실은 아무 데도 가지 않은 것이다.

가난한 사람의 재산

가난한 사람이 지닌 유일한 재산은 오직 자신의 몸뚱이

뿐이다.

늙으면

늙으면 모든 것이 똑같이 보인다.

아는 것 하나

나는 아무것도 모른다. 나는 꽃 한 송이가 어떻게 피어나고 지는지도 모르는 사람이다.

그러나 나는 아는 게 딱 하나 있다.

내가 꼭 죽는다는 사실이다.

과장

모든 인간의 삶은 사실 생각처럼 찬란하거나 황홀한 것이 아니다. 모두 다 그렇고 그런 거다. 괜히 떠벌려서 그렇게 되는 것이다.

알찬 인생

거창하게 인생의 목표를 읊조리는 이들치고 인생을 알차게 산 사람은 별로 없다.

항구와 노인

오랜 항해 끝에 항구에 들어와 정박해 있는 배처럼 그렇게 늙어가는 것이 옳다.

다른 죽음

노인의 죽음은 무르익은 과일이 땅에 떨어지는 것 같이 자연스런 일이다. 그러나 젊은이의 죽음은 아직 익지 않은 과일이 떨어질 때처럼 안타깝다.

포도주와 인생

포도주는 오래되었다고 해서 시어지는 것이 아니다. 좋은 포도주는 시간이 흐르면서 명품이 된다. 인생도 그렇다.

타인의 욕망

우리는 평생 타인의 욕망을 이루기 위해서 산다. 아기 때는 엄마, 학생 때는 선생님, 회사에서는 사장, 사회에서는 늘 타인, 늙으면 자식의 욕망을 이루기 위해서 몸부림친다.

우리는 단 한 번도 내가 하고 싶은 것을 위해서는 살지 않는다.

숨결이 바람 될 때

폴 칼라니티Paul Kalanithi의 책『숨결이 바람 될 때』는 언제 찾아올지 모르는 죽음을 피하지 않고 죽음을 귀한 손님으로 알고, 예를 갖추어 겸손하게 받아들이도록 도와주는 책이다.

선생님

죽어가는 사람이 산 사람에게 가장 많은 것을 가르쳐준다. 그런 의미에서 먼저 죽은 사람들은 아직도 살아있는 사람들한테 모두 선생님이다.

반성하지 않는 삶
반성하지 않는 삶은 살 가치가 없다.

신진대사
삶이란 신진대사이다.

죽음
죽음 없는 삶이란 없다. 죽음이란 과학의 영역이 아니다. 과학이라면 불안하지 않을 텐데….

고통
고통을 피하는 것만이 삶은 아니다.

최고의 죽음

편안한 죽음만이 최고의 죽음은 아니다.

더 살 수 있다

아무것도 확실하지 않은 상황에서는 그냥 그래도 더 살 수 있을 거라고 가정할 수밖에 없다.

의사의 의무

의사의 의무는 죽음을 늦추는 것이 아니다.

환자에게 예전의 삶을 다시 찾아주는 것이 아니다.

의사는 삶이 무너지는 환자와 그의 가족을 안아주고, 그들이 처한 현실을 마주 보고 이해할 때까지 옆에 있어 주는 것이다.

그렇게 살지 말라

모든 문제에 답을 가진 사람처럼 살지 말라.

나를 바라보는 눈길이 있다

세월이 가도 든든해지기는커녕 늘 흔들리고 있는 나를 누군가 바라보고 있다는 생각만 해도 모골이 송연해진다.

좋은 삶

좋은 말을 하는 사람은 많으나 좋은 삶을 사는 사람은 드물다.

견디는 것

우리는 사는 게 아니라 견디며 지낸다.
그렇게 된 지가 꽤 오래되었다.

움파와 움씨

움파는 베어낸 줄기에서 다시 줄기가 나온 파이다.
움씨는 뿌린 씨가 잘 싹트지 않을 때 덧뿌리는 씨이다.
사는 것이 움씨가 아닐까?

평범과 진부

평범함과 진부함이야말로 우리 삶을 지탱해주는 기둥이다. 제거할 수 없는 아픔을 품고 갈 수밖에 없다. 길이 보이지 않을 때는 잠시 고독에 머물러야 한다.

선택과 포기

내가 무엇을 좋아한다는 것은 내 생각, 내 삶, 내 성품, 내 인간됨을 나타내는 것이다. 내가 어떤 그림, 어떤 음악, 어떤 시, 어떤 소설, 어떤 사람, 어떤 종교를 좋아하느냐 하는 것은 어떤 것을 선택하고 동시에 어떤 것을 버리느냐 하는 것이다. 그 선택과 포기 속에는 내 인생이 고스란히 담겨 있다.

내가 무엇을 싫어하느냐 하는 것 역시 마찬가지다.

쉼을 주시는 하나님

쉼표 없는 음악이 어디 있는가? 쉼이 없는 인생이 어디 있겠는가? 쉼표 없이는 음악 자체가 만들어지지 않듯이 안식 없이는 인생도 엮어지지 않는다. 하나님은 잘 쉬는 것을 모르고 일만 하는 사람들을 쉬게 하기 위해서 늙음을 주시고 죽음도 주신다.

생채기투성이 자작나무

멀리서 보면 작은 것은 보이지 않는다. 멀리서 보면 곱게만 보인다. 그러나 가까이 가서 들여다보면 더럽고 지저분한 것들이 눈에 들어온다. 멀리서 보면 행복해 보이지만 가까이 가서 들여다보면 상처와 아픔이 많다.

생채기 없는 자작나무는 하나도 없다.

인연과 섭리

개인의 인생살이나 공동체적 역사의 흐름이나 예측한 대로 되지도 않고 예상했던 방향으로 흘러가지는 않는다. 생각지도 못했고 기대하지도 않았던 일들이 불쑥불쑥 나타나서 전혀 다른 방향으로 흘러갈 때가 많다. 그걸 기독교인들은 '하나님의 섭리'라고 하고 불교도들은 '연'이라고 하고 장자는 '자연'이라고 한다.

가끔 기독교 가정에서 태어나 기독교 교육을 받고 자라난 사람이 어찌어찌 해서 스님이 된 이야기를 듣는다. 반대로 불교도 가정에서 태어나 어렸을 때는 동자승이 되었는데 그 역시도 어찌어찌 해서 신부님이나 목사님이 된 이야기도 있다. 이 모든 것이 다 하나의 인연이요, 자연의 섭리요, 또 하나님의 뜻이라고 할 수 있다.

나이가 들면

우리 어머니는 금년 93세시다. 여러 해 전부터 자주 말씀하신다.

"우리 집안에서는 나만큼 산 사람이 없다. 죽어야 하는데, 죽을 수도 없다. 죽는 것도 마음대로 할 수는 없다."

그렇다. 죽고 싶다고 해서, 아니 이젠 죽어야 할 때가 되었다고 해서 자살을 할 수도 없다. 자살이란 사실 굉장히 어려운 일이다. 아무나 할 수 있는 일이 아니다. 나도 80이 넘으면 존엄하게 삶을 마감해야지 하고 생각했지만 구체적인 방법에 관해서는 아직도 결정을 못했다. 쉬운 문제가 아니다. 대단한 용기가 필요하다.

우리 어머님은 양로원에 보내드리는 것이 모든 사람을 위해서 좋은 일이다. 그런데 동생이 반대한다. 뭘 모르는 것 같다. 그게 효도하는 길인데 말이다. 나는 절대로 우리 아이들한테 얹혀서 살지 않으리라. 우리 부부도 우리가 밥 못 해먹고 누군가의 도움을 필요하게 되면 즉시 양로원으로 갈 것이다.

본

집안 어른들 중에서나 가까이 보아온 성도들 중에서, 혹은 가까이서 본 분들은 아니지만 신문, 방송, 기타 들어온 사람들 중에서 '나도 저 분처럼 늙고 싶다' 혹은 '나도 저 분처럼 죽고 싶다'고 생각되는 분은 누구일까? 늙음의 본, 죽음의 본이 되어서 나도 그렇게 되기를 원하고 기도하는 분이 누구일까?

한경직 목사님? 이승만 대통령? 노무현 대통령? 김수환 추기경? 글쎄다, 잘 모르겠다. 우선은 장인어른 이우호 목사님이 부럽다. 오형범 장로님도 부럽다. 우리 장모님도 참 부럽다. 윤혜원 권사님도 부럽다. 참 최성원 장로님도 부럽다. 이태석 신부님도 많이 부럽다. 정명임 권사님도 곱게 늙어 가신다.

내가 치른 장례식

나는 호주에서 목회하는 중에 54번의 장례식을 집례했다. 그 중 자연사라고 부를만한 연세 83세 이상으로 돌아가신 분들은 12명, 병사로 세상을 떠나신 분들은 28명 그리고 여러 가지 사고, 교통사고, 전기사고, 갑작스런 심장마비, 원인 모를 변사, 자살, 낚시하다 추락사, 공장에서 일하다 기계사고 등으로 가신 분들이 14명이다.

골프와 인생

필드 위에서 30cm도 안 되는 짧은 홀컵거리를 공이 비껴갔다. 참 안타까웠다. 그때 옆에 있던 동반자가 말했다.

"인생이란 바로 그런 거야!"

그 다음 홀에서는 20m도 더 되는 롱홀인데 퍼팅한 공이 마치 빨려 들어가듯이 쏙 들어갔다. 참 이상했다. 동반자는 웃으면서 똑같이 말했다.

"인생이란 바로 그런 거야!"

정답이 없다

인생은 고해와 같다. 인생은 복잡하다. 인생은 어려운 것이다. 인생은 자습서가 없다. 인생엔 정해진 공식이 없다. 인생에는 하나의 정답이 없다. 쉬운 해결책이나 간단한 답이 있는 것이 아니다. 매사를 단순화시키려는 유혹에 빠지지 마라. 매사를 단순한 공식이나 손쉬운 해답이 있으리라 기대하지마라.

인생이 이렇게도 복잡하다는 사실에 놀라워하고 감사하고 행복을 느껴야 한다.

최고의 순간

홍길복! 너는 인생길에서 가장 신나고 보람 있었던 때가 어느 때였는가? 그런 순간이 있기는 있었는가?

글쎄다, 글쎄다. 오른쪽 눈에 의안을 했을 때? 대학에 입학했을 때? 그 첫해? 결혼생활을 시작했던 처음 몇 년? 목사 안수 받고 난 첫해? 손녀들을 보았을 때?

최고

삶이란 그 자체로 최고이다. 삶은 다른 것의 수단이 될 수는 없다.

죽음의 의미

내가 죽는 것은 아무렇지도 않지만 내가 좋아하는 가까운 친구가 죽는 것은 못 참겠다. 죽음은 내가 아닌 다른 사람이 죽을 때 의미를 가진다.

인생을 단순화하지 말라

인생은 단순하지 않다.

Life is not simple.

인생은 복잡하다.

Life is complex.

인생을 단순화하지 마라.

Do not simplify the Life, because Life is complex.

인생은 아름답다. 인생은 추하다

인생은 힘들다. 인생은 쉽다.

인생은 고귀하다. 인생은 비천하다.

인생은 행복하다. 인생은 불행의 연속이다.

인생은 짧다. 인생은 길다.

인생은 값지다. 인생은 무의미하다.

그 어떤 식으로든지 인생을 한마디로 규정짓지 마라. 인생이란 당신의 생각이나 경험처럼 한 가지 측면만 있는 것이 아니다. 인생은 다양한 측면을 갖고 있다. 현대인들, 합리적, 논리적, 과학적 측면에서 훈련된 사람들과 종교인들은 대체로 무엇이든지 공식화하거나, 규격화하거나 교리화하려는 경향이 있어서 인생도 단순화시키려는 측면이 강하다.

그러나 인생은 절대로 정해진 공식이 있지 않다. 따라서 간단한 해결책이나 쉬운 정답이 나오지 않는다. 인생은 복잡하다. 단순화하지 마라. 단순화하려는 유혹이나 충동을 버려야 한다. 인생은 정말 복잡하다. 인생을 복잡하게 만들어주신 하나님께 감사드린다.

복잡한 인생

세상 모든 일은 절대로 단순하지 않다. 세상의 모든 학문도 결코 단순화할 수 없다. 진리, 정의, 평화, 양심, 선, 사랑, 행복, 하나님, 철학, 설교, 복음 그 어느 것도 한 가지 혹은 몇 가지로 단순화시킬 수가 없다. 복잡하다. 종교인들은 무엇이든지 단순해야 마음이 편해진다. 자연과학을 공부한 사람들이나 컴퓨터나 기술에 익숙한 사람들은 무엇이든지 정답을 한두 개로 축소시키려고 한다.

그러나 인생은 복잡하다. 수많은 얼굴을 갖고 있다. 인생이 이렇게 복잡하기에 인간이 만들어가는 모든 것들은 복잡할 수밖에 없다. 복잡하다는 사실은 우리 삶의 축복이다. 복잡한 인생 때문에 감사할 수 있는 사람이 진정으로 인생을 이해하고 있는 사람이다.

세월의 속도

시간은 늘 일정한 속도로 가고 있지만 세월은 절대로 똑같은 속도로 흐르지 않는다. 나이를 먹을수록 세월은 확실히 빨리 흘러간다고 말하는 사람에게 '무슨 소리를 하십니까? 시간은 항상 똑같은 속도로 가는 겁니다'라고 바로 잡아주는 것이 의미 있다고 보는가?

이성적 동물

인간은 이성적 동물이다. 영어로는 'Rational animal'이라고 한다. 다른 말로는 합리적 존재이다. 그런데 이성적이고 합리적이라는 것 때문에 인간은 사실 모든 것을 합리화하는 존재Rationalizing being가 된다. 인간은 합리화하는 존재이기에 비합리적인 것도 합리적인 모습으로 포장하고 합리적인 것인 양 꾸며낸다.

하루와 한 해

레지던트에게 하루는 참 길지만 한 해는 짧다. 노인에게도 하루는 길고, 한 해는 너무 빨리 간다.

시간에 매인 인간

사람들은 인간이 시간을 통제하고 조절할 수 있다고 생각한다. 언제는 어디에 가고 누구를 만나고 무슨 일을 할지 자신이 계획한다고 생각한다.

그렇지 않다. 인간은 시간을 따라서 사는 존재이다. 정해진 시간에 끌려다니는 것이 인간이다. 인간이 시간을 다스리는 것이 아니라 시간이 인간을 통제한다.

똥 밟았네!

"우리 부모님은 둘 다 서울대 나왔어!"

이 말을 듣던 친구들이 말했다.

"똥 밟았네!"

기억과 경험

인간의 기억과 경험에는 차이가 있다. 우리는 사진을 찍고 글을 쓰면서 기억으로 남겨놓지만 각기 다른 경험을 가지고 있다.

그리스의 부활절

그리스의 부활절 축제는 가룟 유다의 인형을 불태우는 의식이 핵심이다.

김 장로님 집에서

김형동 장로님의 아파트에 갔다. 장로님 내외가 5월 초에 이 집을 내게 맡기고 미국으로 가셨는데 오늘이 6월 20일이다. 처음으로 나 혼자 이 집에 와서 하룻밤을 보낸다.

멀리 여행을 온 것 같다. 밤 8시가 좀 넘었다. 불도 끄고 TV 도 끄고 나니 밖이 환상적으로 아름답다. 특히 여기 김 장로님 댁에서 밤에 바라보는 시드니는 정말 아름답다. 해외 여행 갈 필요가 없다. 차 한 잔을 만들어 놓고 잡기장을 펼친다. 생각도 많고 기도도 많다. 모든 것이 다 하나님의 은혜다. 감사, 감사, 감사뿐이다.

모든 이들에게 하나님의 은총을 강구한다. 오늘처럼 국제난민의 날엔 망명 신청자들, 보트 피플들, 평화를 잃어버린 땅, 불쌍한 무슬림 여인들을 위해서 기도한다. 그들을 위해 일하는 사람들, 대현이와 관용이 부부를 위해서 기도한다. 미현이의 건강을 위해서 기도한다. 오늘은 우리 현명이가 아기가 들어섰다고 하니 정말 감사하다. 건강하게 40주를 지내기를 기도한다. 아름다운 시드니, 행복한 밤, 진실 된 기도, 거룩한 사랑, 감사한 시간이다.

머니머니

돈은 영어로 'money'다. '머니머니 해도 money'가 최고다. 도둑이 훔쳐간 돈은 슬그-머니, 계란을 살 때는 에그

－머니, 생각만 해도 찡한 돈은 어－머니, 아이들이 좋아하는 돈은 할－머니, 아저씨들이 좋아하는 돈은 아주－머니, 며느리들이 싫어하는 돈은 시어－머니.

손녀의 그림

예나가 NSW 주에서 유치원생부터 열 살 사이 아이들이 참여하는 그림대회에서 입선을 했다. 약 800개의 작품이 전시된 뉴잉턴 아모리에 갔다. 50명의 입선작 가운데 예나가 그린 그림을 찾았다. 그림 제목이 '인생은 롤러코스터 같다Life is like a roller coaster'다.

아이는 꼭 철학자 같다. 아이가 보기에도 인생은 '올라갔다 내려갔다' 하는 롤러코스터 같았나 보다. 어린이 병원을 후원하는 전시회다. 병든 아이들과 가족들이 힘을 많이 얻었으면 좋겠다.

지은이네 집

브레이드우드Braidwood 읍내에서도 한 20km는 떨어져 있는 지은이네 시골집에 가면 미끈하게 다듬어지지 않은 집과 테라스와 음식을 만나게 된다. 해가 지고 어둠이 깊어지면 하늘에서 별들이 땅으로 내려온다. 인간 세상이 꼭 고해와 같은 세상만은 아니구나 하는 생각이 든다.

우울하게 하는 책

『일본인의 노후』라는 책에는 약 100여 명이나 되는 늙어도 훌륭하게 산 노인들이 나오는데 나는 이 책을 읽으니 되레 우울해졌다. 나는 훌륭한 사람들, 선량한 사람들의 이야기를 읽으면 기분이 싹 가라앉는다.

눈

백내장 환자는 세상이 구름으로 가득 차게 보이고, 녹내장 환자는 빛 주변에서 무지개를 본다. 그러나 건강한 눈을 지닌 사람은 세상을 있는 그대로 본다.

좋은 글

글은 짧을수록 좋고 줄일수록 좋아진다.

독자의 주권

글을 기고할 데가 없는 것이 아니라 기고할 만한 글을 쓰지 못했던 것이다. 글이 지면에 실리는 순간 쓰기 영역은 사라지고 읽기 영역이 시작된다. 저자는 사라지고 독자의 주권이 권리를 행사하기 시작한다.

스승과 제자

한때는 당신이 나의 학생이었습니다.
지금은 제가 당신의 학생입니다.

효율

음악은 음악 자체로, 소설은 소설 자체로 감상하고 음미해야 하는데, 늘 거기서 무엇인가를 얻어야 하고 또 그걸 써먹어야 나의 직성이 풀린다. 그래서 늘 단위로 쪼개고, 불필요해 보이는 부분은 건너뛰고, 쓸모 있는 것들만 건져 올린다. 아주 효율적이다.

성품의 차이

어린 시절, 똑같은 갯벌에 가서도 나는 남보다 더 빨리, 더 먼저 알이 굵은 조개를 잡느라 매의 눈을 하고 뛰어다녔다. 그러나 그 선배는 바다 미물들이 기어 다닌 흔적을 발견하고 생명의 노력과 신비에 감탄했다.

백소양의 이런 자기성찰의 글을 읽으면서 나의 과거와 현재를 생각해본다. 이게 단순히 타고난 성품의 차이일까?

공공의 이익을 위해서

긴급하게 장기이식을 해야 할 두 명의 환자가 있다. 한 명은 심장이 필요하고, 또 한 명은 폐가 필요하다. 장기기증자는 없다. 두 환자는 의사에게 말했다.

"지나가는 사람 아무나 붙잡아서 장기를 적출하시오. 희생자는 한 명이고 우리는 두 명이요. 두 사람의 목숨이 한 사람 목숨보다 중요한 것이 아니요?"

의사는 말했다.

"아니요. 죽어가는 사람을 내버려 두는 것과 멀쩡한 사람을 죽이는 것은 다릅니다. 당신들을 살리고자 무고한 사람을 죽일 수는 없습니다."

그들은 말했다.

"아무 죄도 짓지 않은 것은 우리도 마찬가지요. 결과라는 측면에서 보면 죽게 내버려 두는 것과 죽이는 것은 똑같은 거요. 당신이 우리를 살릴 수 있으면서도 죽게 내버려 둔다면 우리는 당신 때문에 죽는 것이오. 당신은 죽음을 방치한 죄를 짓는 것이요."

의사가 말했다.

"내가 의사로서 할 일을 소홀히 해서 당신들이 죽는다면 그것은 내 잘못이요. 하지만 나는 살인이 의사의 할일 속에 포함된다고는 생각하지 않습니다. 내게도 사람을 죽이는 일은 금지되어 있습니다."

공공의 유익을 위해 살인 같은 악행을 할 수 있는가?

공공의 유익이라는 명분으로

모든 사람이 자신의 장기를 관리할 센터에 등록을 하고 번호를 받는다. 장기이식이 필요한 환자가 두 명 이상 발생할 때마다 관리센터는 적합한 장기를 가진 사람을 검색하여 그중 한 명을 무작위로 골라낸다. 당첨된(?) 사람은 생명을 포기하고 자신의 장기를 이식용으로 제공해야 한다. 이 시스템 속에서는 손해를 볼 확률보다 이익을 볼 확률이 높다. 만일 이런 보험 상품이 있다면 무조건 가입하는 것이 합리적이다. 보험회사는 몇 배의 목숨을 살리는 큰일을 하게 된다.

당신은 이런 시스템에 동의할 수 있는가?

버려지는 음식물

지금 이 지구에서는 생산되고 있는 모든 먹거리 중에서 적게는 사분의 일이, 많게는 삼분의 일이 버려지고 있다는 것이 세계은행의 추정이다. 해마다 약 110억 톤의 음식물이 버려진다.

인구대비로 볼 때 물론 부자 나라들이 가난한 나라보다

더 많이 식량을 허비하지만 가난한 나라도 안에 있는 부자들은 많은 먹거리를 버리고 있다. 특히 가난한 나라에서는 식량의 생산과정, 저장과정 그리고 운송과정에서 상해서 버리게 되는 먹거리가 그들이 허비하는 음식물 중 거의 90%에 가깝다. 북아메리카인 미국과 캐나다, 오세아니아의 호주에서는 소비자들이 그들의 먹거리 중 61%를 버리고 있다고 한다.

맹모와 한석봉 어머니

맹모삼천지교는 유명한 이야기다. 그러나 사실 맹자 엄마는 썩 훌륭한 엄마가 아니다. 지금으로 치면 강남 8학군으로 이사 간 정도의 이야기가 아닌가? 환경을 바꾸어주는 정도가 무어 그리 대단한가?

한석봉의 엄마가 훨씬 낫다. 불 끄고 글 쓰고, 떡 써는 대결이 훨씬 더 멋있다. 그러나 그것도 공정한 게임은 아니다. 떡이야 캄캄한 데서도 손으로 만져보면서 썰 수 있지만 글씨는 만져보면서 쓸 수는 없는 것이 아닌가?

의사와 장(匠)

의사는 사람이 죽을까봐 근심하고 장匠(관 만드는 사람)은 사람이 죽지 않을까봐 근심한다. 이것은 두 사람의 인간성이 좋고 나쁜 문제가 아니다. 그들이 가진 직업이 그렇게 만든 것이다. 그러므로 직업, 환경을 신중히 선택해야 한다.

봉생마중

쑥도 삼밭에 있으면, 누가 붙잡아주지 않아도 곧게 자란다 逢生麻中 不扶而直.

식물인간

의식을 회복할 수 없다는 것이 분명한데도 몇 년이고 침대에 누워 가족에게 고통을 주다가 세상을 떠나는 것은 본인도 원하지 않는 일이다. 우리는 제때 죽을 권리가 있고 원하는 방식으로 인생 드라마를 완성할 권리가 있다.

장기이식 대기자 명단에 이름을 올려놓고 몇 년이나 차례를 기다리다가 죽는 환자들의 문제나, 의식이 없는 환자들로 넘쳐나는 병원문제는, 다시 생각해봐야 한다. 죽음을 나쁜 것으로 여기지 않고 삶의 완성으로 여기는 태도가 필요하다. 사람은 죽은 후에는 인격이 남고, 이야기가 있고, 기억을 통하여 계속 살아가는 존재이다. 죽음도 삶의 또 다른 방식이다.

죽은 자들의 역할

사회는 산 자들로만 이루어지는 것이 아니다. 죽은 자들 역시 사회 안에 자리를 가지고 있다. 죽은 사람과 산 사람 사이에 의례적 관계가 지속된다는 것은(추도식, 추도예배, 제사, 기일, 현충일 Memorial Day, ANZAC Day 등) 죽은 사람도 여전히 우리 사회의 구성원이란 뜻을 확인하는 것이다.

죽음의 권리

기독교에서는 인간의 생명은 하나님께 속한 것이므로 인간이 마음대로 처분할 수 없다고 가르친다. 하지만 오늘날 자살이 죄악이라고 생각하는 사람은 찾아보기가 점점 어려워지고 있다. 자살은 절망한 사람이 할 수 있는 마지막 선택이고, 부패한 현실에 맞서서 자신의 존엄과 자유를 주장하는 최후의 수단이라는 시각이 더 일반적이다.

자살을 범죄로 규정하는 법조항은 1960년대 이후 서구에서는 거의 사라졌다. 말기 환자가 무의미한 연명치료를 거부할 권리, 의사의 도움을 받아 평안하게 죽을 수 있는 안락사의 권리를 인정하는 나라도 하나둘 늘어나고 있다.

현대 사회에서 기독교에 대한 영향력은 쇠퇴하고 있다. 사람이 신성한 존재라는 것을 인정하면서도, 아니 그걸 인정하기 때문에 죽을 수 있는 권리도 신장 되고 있다는 것을 어떻게 설명할 수 있을까?

낙태

현재 낙태는 대부분의 선진국에서 합법화되어 있다. 그런데 영아 살해를 허용하는 국가는 하나도 없다.

모태가 도구화된다면

태아에게 장소를 줄 수 있는 사람은 엄마뿐이다. 태아를 환대할 권리는 엄마에게만 있다. 사회가 엄마의 의지와 무관하게 태아를 환대하기로 결정하고, 엄마의 임신을 유지하도록 강제한다면 이는 한 인간의 몸을 사회가 도구화하는 것은 아닐까?

무시당하는 존엄

신자본주의 시장경제구조에서는 윗사람이 아랫사람을 얼마든지 모욕하고 존엄을 무시해도 문제가 안 된다. 교수는 대학원생을 몸종처럼 부릴 수 있다. 교수는 레지던트에게 발길질을 해도 괜찮다. 판사는 피고에게 반말로 호통을 쳐도 괜찮다.

또 다른 경멸

현대 사회는 낙인을 부인한다. 그럼에도 불구하고 낙인 찍힌 사람들과 낙인을 찍은 사람들이 있다. 이 두 부류의 사람들이 만날 때 거짓과 기만이 생긴다. 아무리 사회통합 의례를 한다고 하더라도 거기에는 위선이 있다.

예컨대, 고아원을 찾아가 고아들을 안아주고 입을 맞추는 연예인들, 장애인들을 찾아가 목욕을 시켜주는 정치인들, 선물을 가지고 가서 독거 노인에게 나눠주는 목사들. 이들은 소외된 이들을 찾아가 자기들은 아무 편견도 없고 진짜로 사랑한다고 과시하지만, 낙인찍힌 이들은 그들의 위선을 알고 있다. 아무 때나 자기들 편할 때 찾아와서 아무나 일으켜 세우고, 아무나 허락도 없이 만지고 안고, 입 맞추고 사진 찍는 것이 무슨 뜻인지 안다.

어떤 장애인은 장애우라고 말하는 것이 싫다고 한다. 친구의 관계를 허락한 적이 없는데 갑자기 지나친 친밀감을 표시하는 것은 또 다른 경멸이다. 우리는 당신들 맘대로 해도 되는 존재고, 당신들이 어떻게 하든지 다 좋아할 것이라고 생각한다. 우리는 당신들의 친절과 호의를 절대로 거절하지 못할 것이라는 오만이 깔린 것이다.

제6장

순례 길에서
나를 발견하다

적과 겨루는 것보다
자기와의 싸움이 훨씬 힘겹다.

걷는 것

걷는 것은 규칙, 점수, 훈련이 있는 스포츠가 아니다.

걷는 이유

우리는 왜 걷는가?

앞으로 나가기 위해서 걷는다.

떠나기 위해서 걷는다.

만나기 위해서 걷는다.

그리고 다시 돌아오기 위해서 걷는다.

고독한 산책자

루소는 인간을 호모 비아토르Homo viator(걷는 인간)라고 했다. 미덕을 갖추지 않은 명예, 지혜를 갖추지 않은 이성, 행복이 없는 쾌락, 이 모든 기만적이고 경박한 것들을 이기는 것은 고독한 산책자, 호모 비아토르가 되는 것이다.

길 1

우리는 길을 가다가 여러 사람들을 만난다.

'오늘 참 날씨가 좋네요' 인사하고 이런저런 이야기를 주고받다가 마침내는 '그럼 안녕히 가세요' 말하면서 서로 헤어져 제 길을 간다. 그게 인생길이다. 그게 인생 순례자의 옳은 모습이다. 괜스레 잠깐 만났다가 헤어질 사람과 인생이 어떻고, 종교가 어떻고, 정치는, 경제는 어떤지 떠들어봤자 다 쓸데없는 짓이다.

길 2

인생이란 페레그리누스Peregrinus(나그네)이고, 모든 인간은 필그리미안Pilgrimian(순례자)이다. 성지순례를 떠나듯이 우리는 인생이라는 성지를 순례한다. 우리는 지상이라는 성지를 순례한다. 집은 아무리 좋아도 여관이고, 재산은 아무리 많아도 보따리이고, 친구와 이웃은 아무리 가까워도 행인일 뿐이다.

산티아고 가는 길

페레그리나티오 로마나Peregrinatio romana!

이는 단순히 로마를 향한 순례가 아니라 완벽한 순종과 헌신을 상징했다. 로마에서는 성 베드로 성당(바티칸)과 성 요한 성당(라테라노) 그리고 성 바울 성당(로마)을 둘러본다. 산티아고에서는 성 야고보 성당을 찾아간다. 여기까지 가야 성지순례는 완성된다. 그래서 산티아고를 향한 길은 '서쪽으로 가는 길'이고 세상의 끝인 피니스테레Finisterre로 가는 길이다.

티베트 순례자

티베트 순례는 구름 위를 걷는 것이다. 티베트 순례자들은 구름 위에서 그동안 자신이 사랑하는 방법을 몰라 사랑하지 못했던 이들을 다시 생각하고 회개하며 그들을 위해 기도한다. 그리고 자신의 과거와 화해한 후 티베트를 떠난다.

윌리엄 워즈워스

18세기에는 걷기라는 것이 서커스 단원들이나 행상들, 가난한 사람들, 떠돌이 혹은 노상강도들의 행위로만 여겨졌다. 그런 걷기를 처음으로 시적 행위, 자연과의 소통, 육체의 성숙, 풍경의 감상으로 만든 사람은 시인 윌리엄 워즈워스William Wordsworth였다.

시편

구약의 시편은 본래 순례자의 시다.
걷는 사람들의 시요, 걷는 사람들을 위한 시였다.
시편을 앉아서 읽지 말라.

흔들리며 걷는 길

믿음직스럽지 않은 것들이 있다.

어둠을 모르는 빛, 절망의 심연을 거치지 않는 희망, 대가를 치르지 않고 주어지는 은혜, 추함을 외면하는 아름다움, 불화의 쓰라림을 알지 못하는 조화, 흔들림조차 없는 확신, 일상을 떠난 명성이 그렇다.

흔들림 속에서 든든함을 지향하고, 추한 현실 속에서 아름다움을 발견하고, 가장 속된 것에서 거룩한 것을 보려고 노력할 뿐이다.

그래서 나의 길은 흔들리며 걷는 길이다.

걷는 일생

우리의 일생은 걷는 것이다.

우리는 걸으면서 넘어지기도 하고 또 쓰러지기도 한다. 잠시 머물러 쉬면서 숨을 고르기도 하고, 잰걸음으로 길을 재촉하기도 하고, 가끔은 뛰기도 한다.

길 잃을 권리

시간과 이익을 다투는 자본주의 세계에서는 길을 잃어버리는 것이 허용되지 않지만 순례자들은 길을 잃어버릴 권리가 있다.

자유

잡고 있는 것이 많으면 손이 아프다. 들고 있는 것이 많으면 팔이 아프다. 이고 있는 것이 많으면 목이 아프다. 지고 있는 것이 많으면 어깨가 아프다. 보고 있는 것이 많으면 눈이 아프고, 생각하고 있는 것이 많으면 머리가 아프고, 품고 있는 것이 많으면 가슴이 아픈 법이다.

너는 지금 어디가 아프냐?

훨훨 털어버려라. 훨훨 날려버려라.

그럼 아프지 않으리라.

기대하지 않을 때

모든 것을 포기하는 순간 모든 것이 주어진다.

아무것 요구하지 않을 때 모든 것이 풍성해진다.

자유의 확대

고독이 깊어질수록 자유는 확대된다. 해명할 것도 없고 타협할 것도 없고 방해받을 것도 없는 상태가 곧 자유다.

다르게 살아야

당신의 선택은 당신이 하라. 다른 사람에게서 영향을 받지 않도록 하라. 당신이 만약 다른 사람의 영향을 받아서 무슨 일을 결정하게 된다면 그것은 당신의 결정이 아니다. 다른 사람이나 다른 정보나 집단의 영향을 받아서 무슨 일을 결정하게 되면 그것은 동조요, 휩쓸림이다. 그리고 그 결과는 집단적 획일화요, 집단적 단일화다.

조금은 유별난 사람이 되어라. 유별나게 생각하고 유별나게 말하고 유별나게 행동해라. 달라도 괜찮다. 너는 너의 방식으로 살아야 한다.

직관과 이성

직관은 항상 빠르다. 이성은 항상 느리다.

대니얼 카너먼Daniel Kahneman의 책 『생각에 대한 생각』은 이성적 존재로서의 인간이 얼마나 비이성적 행동을 하는지를 파헤친다.

어른

배진태 목사님은 나를 지칭할 때 자주 '어른'이라고 한다. 그런데 사실 나는 어른이 아니다. 내가 나를 제일 잘 안다. 나는 나이만 먹었지 어른은 아니다.

어른이란 무엇인가? 내 일은 내가 결정하는 것이 어른이다. 남을 따라서 하는 것은 애들이 하는 것이다. 어른은 남의 눈치를 보지 않고 무슨 일이든지 자기가 결정하고 자기가 책임을 진다. 어른은 싫은 것은 싫다고 말할 수 있고, 좋은 것은 좋다고 당당하게 말할 수 있는 힘도 있고 용기도 있다. 어른은 남들의 평가나 남들의 입방아에 흔들리지 않아야 한다.

나는 어른인가? 나는 아직도 어른이 아니다. 나는 70세가 넘었지만 아무 것도 혼자 스스로 하질 못한다.

나는 자유가 없다.

이러지도 저러지도

그렇다. 강신주의 말이 맞다. 잠옷을 입었으면 일단 침실로 가거나 화장실에 가거나 거실에 머물러 있어야 한다. 그런데 잠옷을 입고도 당당히 문밖으로 나선 사람들이 있다. 사무엘 베케트Samuel Beckett, 장자莊子, 니체, 김수영, 카프카Franz Kafka, 베토벤Ludwig van Beethoven, 슈베르트 Franz Peter Schubert가 모두 잠옷을 걸치고도 당당히 밖으로 외출을 했던 사람들이다.

나도 그렇게 해볼까? 아니다. 나는 그러면 안 된다. 왜? 그것은 내가 결정한 내 행동이 아니라, 다른 사람들을 본 딴 모방행위이기 때문이다. 그럼 그냥 가만히 침실에 있기는 뭐하고, 밖으로 뛰어나가자니 내키지 않고, 이러지도 못하고 저러지도 못하는 나, 이것이 지금의 내 모습이다!

게으름

어느 친구가 '너는 왜 빈둥거리느냐'고 비난했다. 그러나 생각해보라. 일하는 것, 열심히 일하는 것은 퍽 쉬운 일이지만 빈둥거리는 것, 게으름을 피우는 것은 대단한 용기와 배짱이 없이는 정말 불가능한 일이다.

웃기는 인간

내가 얼마나 웃기는 인간인가? 자동차를 운전할 때는 합리적이고 규범적이고 과학적이다. 자동차를 운전하다가 사고가 났을 때는 비합리적이고 비규범적이고 비과학적이 된다.

고상하지 않다

사람들은 대체로 다른 사람들을 칭찬하기보다는 흉을 보거나 비난하는 방향으로 치우쳐 있다. 인간의 인격은 기본적으로 고상하지 않다. 그런데 올바르지 못한 인격을 바로 세우기 위해서 많은 도움을 주는 것이 교육, 자기 수련과 성찰, 종교이다.

끝내 결론을 내리지 못하고

아마도 나는 끝내 결론을 내리지 못하고 이랬다저랬다 하다가 죽게 될 것이다. 이를테면 인간이란 절대로 믿을 수 없고 믿어서도 안 된다는 생각 말이다. 인간을 믿지 못하는 것은 결국 그 인간을 만드신 하나님도 믿지 못한다는 것과 같다. 때문에 '인간을 믿기는 어렵다. 그래도 믿어야만 한다'는 당위성 사이에서 계속 죽을 때까지 갈등만 하다가 죽을 것 같다. 이럴 경우에 인간이란 타자일 수도 있고, 또 나일 수도 있다. 나는 남도 못 믿지만 나도 믿을 수가 없다.

인간 이해

인간을 이성적 동물, 감정적 동물, 사회적 동물, 종교적 동물, 도덕적 동물로 보는 것은 전통적인 인간 이해이다. 요즘은 새로운 인간 개념들이 등장했다.

소문을 퍼뜨리는 존재Gossiping being.

상상력이 풍부한 존재Imaginative being.

합리화하는 능력을 지닌 존재Rationalizing being.

이야기를 꾸며내는 존재Storytelling being.

공부란?

대학 교육은 '너는 어떻게 생각하느냐? 네 의견은 어떠냐?'며 학생의 창의적인 생각을 질문하고 그것을 말하라고 한다. 『공부의 배신』을 쓴 윌리암 데레저위츠는 말한다.

"예일대학 학생들은 자신의 생각이나 의견을 말할 줄 안다. 그런데 그들은 사실 교수가 원하기 때문에 그렇게 하는 것이다."

머리 좋은 학생들은 창의적인 자기 생각까지도 학습해 버린다. 스스로 다른 사람의 요구나 간섭이 없이 자기 스스로 생각하는 것이 아니라 생각을 요구하는 사람에 의해서 강제된 생각을 한다.

공부는 자신의 생각은 무엇인가 스스로 궁리하고 의심하는 데서부터 시작된다. '내 생각'까지도 학습과 훈련으로 만드는 이 공부는 진정한 공부가 아니다.

바꾸는 것

통념과 고정관념, 지금까지의 신념 그리고 종교를 바꾼다는 것은 대단히 어려운 일이다. 하지만 개인과 역사의 발전을 위해서는 꼭 한 번 해볼 만한 일이다.

웃기는 일

인간은 원재료가 먼지다. 먼지 같은 존재가 아니라 존재 자체가 단순한 먼지다. 나는 아무것도 아니다. 그야말로 아무것도 아닌 인간인 내가 잘난 척하는 것이야말로 웃기는 일이다.

먼지임을 아는 순간 나는 겸손해진다. 먼지임을 깨닫는 순간 나는 정직해진다. 먼지임을 자각하는 순간 모든 것을 다 버린다. 그리고 먼지라는 사실을 인정하면 그때 드디어 욕심이 사라지고 평안이 온다. 생명에 대한 욕심이 사라지고 나니 평안이 온다.

생존에 대한 의욕과 욕심이 모든 탐욕의 본질이다.

이 또한 지나가리라

2012년 4월 PSA혈중전립선 특이항원 수치는 0.75였다. 2012년 4월 전립선 수술을 하고 7월에는 방사선 치료를 7주 동안 계속했다. 그때 수치는 0.15까지 내려갔다. 2013년 10월 0.03, 2014년은 1월과 7월 모두 0.02, 2015년 1월에는 다시 0.03, 2015년 7월에는 다시 0.04가 되었다.

2015년 8월 1일, Dr. Ho는 예의주시하고 있다고 했다. 내가 할 일은 아무것도 없단다. 내년 1월엔 PET scan양전자방사단층촬영에 의한 화상을 하자고 한다. 할 일도 없고 안 할 일도 없다고 한다. 먹어야 할 것도, 피해야 할 것도 없다고 한다. 그냥 내 몸이 세포와 근육과 조직, 혈액과 뼈와 관절이 어떻게 변화하고 흘러가는지 보겠단다. 의사는 과학자가 아니라 철학자다.

인간이 할 수 있는 일이 있고 할 수 없는 일이 있다. 인간은 위대하지 않다. 인간은 만물의 영장도 아니고 만물 가운데 유독 뛰어난 존재도 아니다. 인간은 자연의 한 부분이고 우주의 보잘 것 없는 부속물 중 하나이다. 교만해서는 안 된다. 잘난 척하면 천벌을 받는다. 서로 친하게 살아야 한다. 사랑하고 웃고 서로 보살피면서 살아야 한다. 인간은 우주의 중심이 아니다. 잘난 척하지 마라. 누가 너를 우주의 중심이라고 했냐? 다른 자연을 정복하고 파괴하고 다스릴 권리가 없다. 모든 자연을 존중해라. 너보다 못난 것은 하나도 없다. 하물며 다른 인간들에 대해서야 더 말할 필요가 없다.

이 또한 지나가리라This too shall pass.

위대한 질문

김대식의 『빅퀘스천』을 읽었다. 기계처럼 살아가는 불쌍한 인간들을 불쌍히 여기고 자비심이 넘치는 기계가 만들어질 미래를 상상하는 책이다. 31개의 제시된 질문들은 질문 자체로 값진 것들이다.

대답할 수는 없어도 질문은 던져야 한다. 존재는 왜 존재하는가, 원인이란 무엇인가, 우리는 어떻게 살아야 하는가, 삶에는 의미가 있어야 하는가, 인간은 왜 죽어야 하는가, 영혼이란 무엇인가, 진실은 존재하는가, 우리는 왜 사랑해야 하는가 등등 참 위대한 질문들이다.

나의 현주소

내 나이 벌써 70세가 넘었다. 내 생각과 삶은 어디쯤 와 있는가? 믿음과 의심, 확신과 회의의 끊임없는 넘나듦이 나의 위치다. 믿어야 할 것과 의심해야 할 것 사이에서 나는 거듭된 방황을 한다. 아마도 죽을 때까지 이어질 것이다. 믿음과 확신은 나의 기독교적 신앙에 기초한다. 의심과 갈등은 나의 인간적, 혹은 인문학적 태도에서 비롯된다. 믿음과 확신은 많은 경우에 주어진 것이다. 의심과 갈등은 깨닫고 습득된 것이다.

내 인생과 사고의 한 부분을 구성하고 있는 의심, 생각, 회의, 비판은 두 명의 선생으로부터 영향을 받았다. 첫째는 데카르트René Descartes이다. 그의 '방법론적 회의'가 내 사고와 공부의 틀을 만들어주었다. '나는 생각한다. 고로 존재한다cogito ergo sum'이다. 둘째는 한나 아렌트의 『예루살렘의 아이히만』이다. 핵심은 '생각 없음'이다. 그는 생각 없음이 얼마나 엄청난 죄악인가를 밝히고 있다.

유대인 600만 명의 학살 책임자인 나치 전범 아돌프 아이히만Adolf Eichmann과 아렌트는 1906년생 동갑내기다. 아렌트는 유대인으로 나치로부터 겨우 도망쳐 미국으로 망명했다. 아이히만은 나치에서 일했다. 그는 1941년부터 유대인 인종청소의 책임자로 일했다. 아우슈비츠를 비롯한 유태인 수용소에서 학살 현장책임자였다. 제2차 세계대전 후 독일에서 도망쳐 숨어 지내다가 1960년에 체포되었다. 아르헨티나 부에노스아이레스에서 예루살렘으로 이송되어 재판에 회부되어 사형선고를 받았다. 그는 1962년 5월 31일 교수형을 받았다.

아렌트는 이 재판을 처음부터 끝까지 참관했다. 그리고 쓴 책이 『예루살렘의 아이히만』이다. 철학자요, 정치사상가인 아렌트는 아이히만 재판보고서를 통하여 놀라운 사실을 발견했다. 그것은 아이히만이 정말 평범한 사람이요, 선량한 사람이라는 사실이었다. 아이히만은 악마의 얼굴이 아니었다. 그는 동네에서 마주치는 평범한 아저씨였다. 유태인을 죽이는 일에 앞장선 살인마 아이히만은 마음씨 좋고 자기가 맡은 일에 최선을 다하는 착한 공무원이었다. 재판이 계속되는 동안 아이히만은 자신의 무죄를 주장했다. 그는 국가권력의 명령에 충실했고 그 일은 자기가 아니라고 해도 누군가가 반드시 했을 일이라고 주장했다.

"나는 비열한 동기로 그 일을 하지도 않았고, 또 그것이 악이라

는 생각을 한 적도 없습니다. 만일 내가 명령받지 않고 이런 일
을 했다면 그럼 나는 양심의 가책을 받았을 것입니다."

아이히만의 법정 증언을 들으면서 아렌트는 깨달았다.
악은 평범한 데서 나온다. 생각 없이 하는 행동이 악이다.
생각과 판단과 비판 없이 하는 일은 결국 아이히만과 같은
범죄를 짓게 만든다.

우리 안에는 또 다른 아이히만이 있다. 비판 없이 기존
질서나 기성 권위에 복종하는 것은 악으로 귀착된다. 인간
이 악마가 되지 않으려면, 양심의 가책을 느끼려면 무엇을
해야 하는가? 비판적 사고, 생각하는 습관, 생각 없이 말하
거나 행동하지 않기를 훈련하는 것. 이것이 지금 나의 현주
소이다.

중용과 중도

중용과 중도는 다르다. 중용은 균형, 조화, 관용, 너그러
움이다. 중도는 등거리를 유지하려고 하는 정치적, 산술적
개념이다. 나는 중용을 아름답다고 생각한다. 그러나 중도
는 비겁하다고 생각한다. 나는 이 땅에 가난한 사람, 억눌

린 사람, 무지한 사람, 소수의 사람들 편에서 말하고 생각하고 기도한다. 나는 결코 중도에 서지 않겠다. 이 산술적이고 정치적인 중도에 서지 않는 것이 나에게는 중용이다.

문제는 나

문제는 항상 나 자신이다. 내 속에 있는 교만, 탐욕이다. 그것들을 버렸는가? 아직도 그걸 버리지 못했다면 나는 아직 아무것도 시작 못한 사람이다.

인간

"만약 이 세상에 여자가 없다면 돈이라는 것도 전혀 필요가 없게 될 것이다."

선박왕 오나시스Aristotle Socrates Onassis의 말이다. 돈이 없으면 늘 돈 생각만 하고, 여자가 없으면 늘 여자 생각만 하고, 직장이 없으면 늘 일거리 생각만 하고, 권력이나 명예가 없으면 늘 권력과 명예만 생각하는 것이 인간이다.

인간은 자기에게 없거나 부족한 것을 최대의 선망으로

여기고 평생 그걸 가져보려고 노력한다. 그래서 인간은 불행하고 부자유하다. 탈무드는 '돈과 여자가 없는 사람은 늘 돈과 여자만 생각한다'고 했다. 돈과 여자가 있으면 다른 것들, 즉 명예와 권력과 지식과 지혜와 신 같은 것들을 생각하게 된다.

조난사고

등산객들의 조난사고는 대부분 산을 올라갈 때 생기는 것이 아니라 산을 내려올 때 생긴다고 한다. 올라가는 것보다 내려오는 것이 더 힘들고 어렵고 조심해야 할 일이다. 물러날 때, 은퇴할 때, 사양할 때를 잘 알아야 한다. 자칫하다가는 조난사고를 당할 수가 있다.

우리에게 필요한 것은

예측할 수 없는 것에 대한 겸손과 예측할 수 있는 일에 대한 용기 사이에서 우리에게 정말 중요한 것은 믿음이 아니라 지혜다. 지혜는 이성, 합리, 상식, 교양, 인격 같은 것들과 함께한다.

검증의 절차

"귀로 들은 것은 하나도 믿지 마라. 눈으로 본 것도 절반만 믿어라."

호메로스Homeros의 『오디세이아』에 나오는 말이다. 그러나 여기에도 문제는 있다. 나는 아무것도 안 듣겠다, 절대로 남의 이야기는 들을 필요가 없다고 하면 안 되기 때문이다. 듣기도 전에 결론을 내리는 것은 위험하다. 전제 없이 맑은 마음으로 듣고, 들은 것은 검증해보는 절차가 있어야 한다. 네이트 실버는 『신호와 소음』에서 우리가 잘못된 정보, 거짓된 정보를 걸러내고 정확한 정보, 진실된 정보의 길을 찾기 위해서는 과학적 지식을 갖추어야 하고 자신의 능력과 한계를 인정하는 태도가 필요하다고 했다.

세상은 스스로 바뀐다

세상을 바꿀 수 있다고 큰소리치지 마라. 세상은 내가

바꿀 수 있는 것이 아니다. 세상은 스스로 바뀐다. 우리는 스스로 바뀌는 세상을 보면서 감탄하고 감사하면 된다. 스스로 바뀌는 세상에 훼방이나 놓지 마라. 하나님, 자연, 보이지 않는 손이 지난날도 끊임없이 세상을 잘 바꾸어주셨고 앞으로도 바꾸어주실 것이다.

"이 세상을 바꾸기 위해서 내가 할 수 있는 일이란 별로 없다."

실뱅 테송Sylvain Tesson은 아주 일찍 이 진리를 깨달았다. 그런데 70세가 넘은 나는 왜 지금까지도 세상을 바꿀 수 있고 또 바꾸기 위해서 노력해야 한다고 생각하고 있을까?

사랑을 강조하는 이유

간디가 영국에서 유학할 때였다. 아래는 피터스와 간디의 대화다. 피터스 교수가 간디에게 물었다.

"길을 걷다가 두 개의 자루를 발견했다. 한 자루에는 돈이 가득 차 있고 한 자루에는 지혜가 가득 차 있었다. 둘 중에 가질 수 있다면 자네는 어느 쪽을 선택하겠나?"

"그야 당연히 돈 자루지요!"

"이봐 나 같으면 지혜의 자루를 택할 것일세."

"뭐 그렇겠지요. 사람은 다 자기에게 부족한 것을 택하기 마련
이니까요."

이런 옛이야기를 읽으면서 기독교가 왜 그렇게도 믿음
과 사랑을 강조하는지, 국가마다 왜 그렇게 자유와 평등을
강조하는지, 우리 개인들은 왜 그렇게도 행복을 갈구하는
지 생각하게 되었다. 없으니까 갖고 싶고, 부족하니까 채우
고 싶은 마음이 개인과 교회, 사회와 국가의 이상이 된다.

공통점

바보와 똑똑한 사람의 공통점은 자기들은 늘 즐겁고 행
복한데 자기들 이외의 딴 사람들은 늘 슬프고 불행하게 한
다는 점이다.

변화

영화 〈도가니〉에서 "전에는 내가 세상을 변화시키기 위
해 싸운다고 생각했는데 이제 보니 세상이 나를 변화시키

지 못하게 하기 위해 싸우는 거예요"라는 대사가 나온다.

나는 나이를 이렇게 먹을 때까지 세상을, 교회를, 정치를 변화시켜야겠다고 생각하고 작은 몸짓이라도 해왔는데, 지금 보니 세상과 종교와 정치가 나와 내 생각을 바꾸지 못하도록 한 노력이 대단하다.

다 비슷하다

세상 사람들은 거의 비슷하게 창조되었다. 나보다 크게 잘난 사람도 없지만 나 역시 다른 사람보다 크게 잘난 사람이 아니다. 'You are special'이라고 하면서 '당신은 특별해', '당신은 위대해'라고 자꾸만 치켜세우니 사람들은 진짜로 자기가 잘난 줄로 착각한다.

고대 그리스인의 생각

현대인들은 즐거움, 기쁨, 평안, 행복을 전혀 구분하지 않고 비슷한 것이라고 생각한다. 그러나 고대 그리스인들은 이 모든 것을 엄격하게 구별했다.

기쁨은 만남에서 생긴다. 외부로부터 오는 것이다.

즐거움은 슬픔과 같이 육체적 느낌이다.

행복은 반복할 수 없다. 그래서 불안정하다.

평정은 체념이고 경탄이다. 무엇도 기다리지 않는 것이다.

기다림

우리는 기다린다.

그런데 우리는 분명히 그 무언가를 기다리는 것은 아니다.

우린 그냥 기다릴 뿐이다.

절교

나는 나와 절교하고 싶다.

시련의 이유를 알면

시련의 이유를 알 때 고통은 참을만해진다.

기적

하늘을 나는 것이 기적이 아니다.

바다를 걷는 것이 기적이 아니다.

땅에 서서 두 발로 걸어 다니는 것이 기적이다.

겸손한 자기부정

'우리는 할 수 있다'는 긍정의 힘이 한국을 지배하고 있다. 그렇지만 곰곰이 생각해보자. 세상은 할 수 있는 일도 있고, 할 수 없는 일도 있다. 자꾸 무슨 주문 외우듯이 '할 수 있어! 할 수 있어!' 한다고 해서 진짜 다 할 수 있는 것이 아니다. 캔두이즘Candoism의 노예가 되면 안 된다. 무턱대고 할 수 있다고 부르짖는 '무모한 긍정의 힘' 대신 '못 하는 일도 있다'고 말하는 '겸손한 자기부정'을 배워야 한다.

나는 어떤 인간인가?

가장 위대한 사람은 자신의 단점을 알고 인정하는 사람이다. 가장 경계해야 할 사람은 남을 흉보고 다니는 사람이다. 가장 악한 사람은 약자를 이용해 먹는 사람이다. 가장 조심해야 할 사람은 나를 칭찬하고 꾸짖지 않는 사람이다. 가장 불쌍한 사람은 만족과 감사를 모르고 사는 사람이다.

나는 어떤 인간인가?

어영부영 살았구나

홍길복! 너는 이제까지 '무엇을 위해' 살아왔느냐?

홍길복! 너는 남은 인생, '무엇을 위해' 살 작정이냐?

지난 70여 년을 돌아보니 나는 '무엇을 위해서' 살아왔다는 것이 딱히 없다. 그 '무엇'이 분명하지 않다. 추상적인 '무엇들'이 있기는 했다. 진리, 사랑, 영원, 정의, 복음, 교회, 하나님, 예수그리스도 등등인데 이들은 비슷비슷한 것이기도 하고 다르기도 했다.

그런데 '구체적 그 무엇'은 없었다. 구체적으로 나는 '이것을 위해 살아왔다'는 것이 나타나지 않는다. 가난, 가족, 돈, 건강 뭐 그런 것이 없다. 있어도 그것들이 추상적인 '그 무엇'과 매치가 안 되었다.

속상하다. 어영부영 되는 대로 적당히 산 것이다.

냉철한 자기객관화와 배려

자신의 고통을 객관화하는 냉철함과 주변 사람들을 챙기는 따뜻한 배려가 공존할 수는 없을까?

희망을 만드는 길

아픔에 부딪히는 능력이 희망을 만드는 길이다.

희극적 비극

이 시대에 온전한 정신을 가진 사람이라면 웃을 때에도 슬픔이 있고 즐거울 때도 근심하게 된다. 이는 희극적 비극이다.

자기소개

나는 이상한 존재다. 소포클레스Sophokles는 '세상에는 참 이상한 것들이 많이 있지만 그 중에서 제일 이상한 존재는 사람'이라 했다. '이상한'이란 이해가 안 되어서 알 수 없고, 설명하기가 어렵고, 모순이 심하고, 무섭고 또 신비하다는 뜻이다.

욕심을 내려놓으면

내려놓지 못해서 추해진 사람들을 많이 본다. 욕심을 내려놓으면 비루해지지 않는다. 나는 밖에 있는 것(목회, 학교)을 내려놓았다. 이젠 좀 가벼워질까 기대를 했는데 웬걸, 내 속에는 겉으로는 내려놓았으면서도 안으로는 가지고 있는 것들이 한둘이 아니다.

내 모습

우리가 누구를 싫어하거나 비난하는 것은 사실 상대방 속에서 발견해낸 자기의 모습을 싫어하고 비난하는 것이다. 나는 내 어머니에게서 나를 본다. 특히 내 어머니의 늙어가는 모습 속에서 나의 늙어가는 모습을 발견한다.

외적인 변화

외적인 변화가 내적 변화를 이끌어낼 수 있을까? 환경을 바꾸고 옷을 갈아입고, 머리를 손질하고, 집안은 청소하고 잔디를 깎으면 진정 내 생각과 인격, 인생을 살아가는 태도와 가치관이 달라지는가?

기분만 잠깐 후련해졌다가 다시 되돌아가고 만다. 외적 환경의 변화는 내적 가치관의 변화에 영향을 끼치지 못한다. 성경을 읽고 기도를 하고 교회에 나가고 헌금을 드린다고 해서 하나님을 향한 신앙심이 깊어지거나 믿는 사람으로서 새로운 가치관과 인생관이 만들어지는 것은 아니다.

위대해지는 길

죽지 아니하면 다시 사는 길은 없다.

안전하게 위대해지는 길은 없다.

내가 나를

오늘도 또 슬프다.

나를 제일 슬프게 하는 것은 나다.

나를 제일 아프게 하는 것도 나다.

나를 제일 절망의 나락으로 떨어뜨리는 것 역시 나 자신이다. 내가 나를 실망시키고, 내가 나를 배신하고, 내가 나를 울게 한다.

빛이 강하면

돈 많고 권력이 크고 지위가 높은 사람일수록 속으로는 숨겨진 분노, 좌절감, 미움이 더 크다. 성공한 사람일수록 괴팍한 이들이 더 많다. 빛이 강하면 그림자도 짙어지는 법이다.

늘 내 속에

내가 싫어하는 상대방의 모습은 늘 내 속에 있다.

인간이란

인간이란 존재는 가지고 있을 때는 감사한 걸 모르다가 갖고 있던 걸 잃은 다음엔 감사하다고 말하는 존재다.

사람은 변하는가

사람은 변하는가? 안 변하는가? 변하는 것 같이 보이는데 변하지 않는 존재인가? 변하지 않은 것 같이 보이지만 그래도 어딘가 변하는 존재인가?

참말로 모르겠다.

상처

인간은 절대로 상처받지 않고서는 깨닫지 못한다.

차츰

인간은 처음에는 보는 대로 믿는다.

그러나 차츰 믿는 대로 보고 싶어 한다.

이중성

모든 인간에게는 이중성이 있다. 거룩한 모습, 세련된 교양 그 뒤에도 악이 있다. 그런가 하면 추하고 더러운 모습 뒤에도 선함이 있다. 이것은 모든 인간이 지니고 살 수밖에 없는 숙명이다.

인간과 사상

'그 인간'을 모르면 '그 사상'을 알 수 없다.
'그 인간'과 '그 인간의 사상'은 분리되는 것이 아니다.

생각을 결정하는 것

사람의 생각을 결정하는 것은 머리가 아니라 가슴이다.

좋은 사람

말 잘하고 똑똑한 사람보다는 마음씨 곱고 올바른 사람이 좋은 사람이다.

동반

선에는 항상 악이 동반한다.

선한 일을 할 때 조심해야 한다.

자신감에는 자만심이,

정직함에는 무자비함이,

용기에는 만용이 동반한다.

그늘진 곳

우리의 내면세계는 밤과 낮처럼 구분이 되는 것이 아니다. 한쪽은 순수한 빛이 있고 다른 쪽은 칠흑 같은 어두움만 있는 것이 아니다. 우리는 그 경계선 위에 있다. 그래서 우리 영혼은 그늘진 곳에 있다.

영생에 이르는 길

겸손이 있는 곳에는 위엄이 있다. 약함이 있는 곳에는 힘이 있다. 죽음이 있는 곳에는 생명이 있다. 겸손과 약해짐과 죽음을 업신여기거나 가볍게 여기는 자는 절대로 위엄과 능력과 영생을 얻을 수 없다.

지식

새로운 정보를 얻었다고 선해지는 것이 아닌 것처럼 지식이 우리를 지혜롭게 하는 것은 아니다. 머릿속에 든 지식이 곧 나 자신은 아니다.

더 멀어진다

내적 평화와 성스러움은 얻겠다고 달려들면 더 멀어진다.

어리석음이 더 어렵다

사람이란 지혜롭기보다 어리석기가 더 어렵다. 지혜를 드러내는 것보다 그 지혜를 숨기고 어리석은 척하기가 더 어렵다는 뜻이다.

탐욕

그것은 가치 있는 것이어서 갖고 싶은 것이 아니라 다른 사람이 이미 소유하고 있는 것이기에 갖고 싶은 것이다. 모든 다른 사람들이 가지고 있는 것은 그럴 만한 가치 있는 것이라는 생각이 우리를 탐욕으로 인도한다.

가슴으로

사고는 머리로 하는 것이 아니라 가슴으로 하는 것이다. 머리에 손을 얹지 않고 가슴에 두 손을 얹어야 한다.

생각에 대한 고찰

파스칼Blaise Pascal은 인간을 생각하는 갈대라고 했으나 현대인들은 생각할 수는 있으나 생각하지 않는 갈대라고 본다. 생각은 그냥 쉽게 당연히 할 수 있는 것이 아니다. '이제부터는 생각하고 살겠어!' 다짐하고 결심하고 노력해야 할 수 있는 게 '생각하는 것'이다.

『밤은 부드러워』의 주인공 니콜은 자신에게 명령한다.

"생각해라 그렇지 않으면 남이 너를 대신해서 생각하게 된다."

내가 생각을 안 하면 생각이란 것이 사라지거나 중단이 되는 게 아니라 남이 나를 대신해서 생각해주게 된다. 그렇게 되면 나는 생각이 없는 텅 빈 상태가 되는 것이 아니라 남의 생각으로 꽉 찬 상태가 되어버린다.

여기서는 두 가지 문제가 생긴다. 첫 번째, 남이 나를 대신해서 생각해주면 남의 생각이 나를 지배하고 길들이게 된다. 이건 부부 사이도 그렇지만 권력과 정치에서도 그렇다. 두 번째, 남이 나를 대신해서 생각해주면 머릿속이 꽉 차 있으니까 나는 생각을 하고 있다고 생각하고 남의 생각을 내 생각이라고 착각하게 된다. 결국은 내가 나를 속이게 된다. 이것은 가장 큰 죄다.

생각하지 않던 사람이 생각하기 시작하면, 영혼 없이 살던 사람에게 갑자기 영혼이 생겨나면 세상이 넓어진다. 관계에 변화가 생겨난다. 보수적인 사람은 그걸 위험하다고 여긴다.

관광

관광観光을 한다. 한자의 의미처럼 빛을 보러 다니는 것이면 좋겠다. 관광이란 이것저것을 보러 다니는 것이요, 다니면서 보는 것이다. 관광을 안 하고서도 비슷하게 할 수 있는 것은 남의 말을 듣는 것이요, 남의 글을 읽는 것이다. 듣거나 읽거나 보는 것이 다 넓은 뜻의 관광이다. 그런데 보고 다니든 다니면서 보든, 아니면 그냥 한자리에 앉아서 남이 보고 쓴 것을 읽거나 듣든 그 모든 것은 생각하기 위해서이다.

무슨 생각인가? 자기 생각이다. 자신을 돌아보기 위해서다. 그걸 성찰이라고 한다. 통찰은 성찰이 목적이다. 산과 바다, 하늘과 땅, 이곳과 저곳, 이런저런 것들을 둘러보는 것은 우선 통찰이 되어야 한다. 관광은 그냥 보고 스쳐 지나가는 것이 아니라, 좀 더 자세히 직접 내 눈으로 확인하고 살펴보는 행위이다.

그런데 무엇이든 좀 더 자세히 보게 되면 반드시 거기에는 좋은 점과 고쳐야 할 점들이 드러나게 된다. 그러니 관광이나 성찰은 모두 목표가 동일하다고 할 수 있다. 장점은 찾아내서 교훈으로 삼고 단점은 발견하며 고쳐나가는 것이다.

성찰

나는 관광을 하면서 성찰한다. 밖을 바라보면서 안을 들여다본다. 나는 밖을 바라보는 관광을 통해서도 좋은 점과 고쳐야 할 부분을 발견하고 또 내 안을 들여다보는 성찰을 통해서도 내 속에 있는 좋은 점과 고쳐야 할 부분을 찾아본다. 그런데 관광이나 성찰 모두에게서 우리는 단점과 모순, 잘못된 것과 교정해야 할 것들을 찾아내는 것에 더 큰 관심을 기울여야 한다.

늙어갈수록

뻔한 이야기이지만 나는 정말로 모르는 것이 많다. 이 나이가 되어도 아는 것보다는 모르는 것이 훨씬 더 많은 것은 물론이고, 가면 갈수록, 늙으면 늙어갈수록 모르는 것은 더 늘어나며 아는 것은 더 줄어든다. 그러니까 어디 나서서 아는 체해서는 안 된다. 꼭 망신을 당하게 될 것이다. 늙어갈수록 배우겠다, 듣겠다, 읽고 듣고 보는 것이 앞서야지 말하고 나서고 가르치려 해서는 안 된다.

인문학 교실을 시작하면서 제일 먼저 할 이야기다.

먼저 생각할 것

어떤 일을 할 때 가능한지 아닌지를 생각지 말고 그 일이 옳은 일인가 아닌가를 먼저 생각하라.

중심부

중심부에 속하려는 노력이 사람을 피폐하게 만든다.

정신은 오는 중

가끔 강의시간에 맞춰 뛰어 들어가선 이렇게 말한다.

"몸은 일단 왔어요. 정신은 저기 오는 중입니다."

북아메리카 원주민들의 일화에서 그들은 말을 타고 달리다가도 문득문득 멈추어 서는데 그 이유는 너무 빨리 달리면 영혼이 따라올 수 없기 때문이라고 했다.

제7장

사랑받지 않을 용기

당신은 사랑받기 위해 태어난 것이 아니다.

노년 부부의 이야기

우리처럼 70세가 넘은 부부 사이에 다음과 같은 이야기를 자주 하는 편이면 일단 주의를 기울여야 한다. 갈 때가 되었나, 가려고 하는가 의심해보아야 한다.

"그동안 참 고마웠어요. 그동안 참 고생 많이 했어요."

"그동안 많이 미안하구려."

"아무래도 저 세상은 있을 것 같아."

"천당 같은 것은 있겠지?"

"나 죽으면 어떻게 살 거야?"

"저 죽으면 뭐 해 먹을래요?"

은퇴 남편의 인기 1순위

2014년 일본에서 은퇴한 남편의 인기 1순위는 집안일 잘 도와주는 남편? 아니다. 요리 잘하는 남편? 아니다. 상냥한 남편 아니다. 건강한 남편? 아니다.

그럼 뭐냐?

'집에 없는 남편'이었다.

고마워

오래전에 남의 길이 되겠다고 한 나를 용서해줘. 누가 감히 사람의 인도자가 되겠어. 함께 걸어줘서 고마워.

아내 말을 듣자

나한테 제일 큰 영향을 끼친 사람은 누구일까?

아내 이길남이다.

이길남은 내게 큰 힘을 가지고 있는 존재다.

혼인 서약

결혼이란 가장 사랑하는 사람과 더불어 더욱 사랑하면서 살겠다고 하는 약속이다. 동시에 결혼은 가장 이기적인 선택이다. 나보다 나를 더 사랑해주겠다고 약속하는 사람과 맺는 약속이다. 혼인 서약은 사랑을 법제화하는 의식이다.

세상에 부모와 자식 사이에는 사랑의 약속을 하거나 서명하지 않는다. 정부나 관청에 서약을 확인하는 법률적 행위도 하지 않는다. 그렇다면 부모 자식 간의 사랑보다 더 깊은 사랑이라고 할 수 없는 부부가 맺는 사랑의 서약은 무슨 의미가 있는가?

결혼식에서의 서약은 합법화된 이기적인 서약식이다.

제한적인 사랑

모든 사랑은 제한적이다.

하나를 선택하면 다른 가능성은 포기해야 하기 때문이다. 신랑과 신부는 사랑의 약속을 통해서 사랑의 국지성을 인정하게 된다. 결혼에 동의하는 것은 자기의 진짜 모습을 알리겠다는 약속이다.

평생 배워야 하는 것

학교에 다니거나 교회에 다니거나 아니면 독학을 하거나 우리가 평생토록 배워야 할 가장 중요한 것은 오직 하나 사랑뿐이다. '사랑하는 법'과 '사랑받는 법.'

．

복음적이지 않은 복음송 ─ 사랑받지 않을 용기

예전에 학생들에게 간곡히 말한 적이 있다. 복음성가라는 것 중에서 제일 복음적이지 않은 것은 '우리는 사랑받기 위해 태어난 사람'이라는 노래다. 적어도 크리스천이라면 '사랑하기 위해서 태어났고, 사랑하기 위해서 살아가는 것'이지 도대체 어떻게 '사랑받기 위해서 태어났'거나 '사랑받기 위해서 살아간다'라고 할 수가 있는가? 이건 부끄러워할 정도의 노래가 아니라 지극히 이기주의적인 생각이다.

인간 역사의 비극은 사랑을 받으려는 욕심에서 시작되었다. 그리고 사랑받으려는 욕망 때문에 슬픈 역사를 이어왔다. 아기 때부터 사랑을 받으려 예쁜 짓하고, 열심히 공부하고, 돈 벌고, 옷 사 입고, 화장하고, 다이어트를 했다. 사랑과 관심을 받기 위해 이름 내고, 인기 끌려고 별의별

일을 벌여온 것이 아닌가? '사랑받으려는 욕심'이 '사랑하려는 거룩함'을 이겨온 인간 비극의 역사를 극복해내지 않으면 안 된다.

독일의 여성학자 알리스 슈바르쳐Alice Schwarzer가 쓴 『대답』이 한국어로『사랑받지 않을 용기』로 번역되었다. 누구에게서도 사랑을 받지 않으려는 용기가 어찌 여성들한테만 요구될까? 물론 여자들이 영원히 '사랑받기 위해 태어난 존재'로 자신을 규정한다면 여성들은 끊임없이 남자, 기득권자, 배운 자들, 기성질서에 의해서 부림을 당하고 자신을 '사랑받는 노예'로 만들어갈 것이다.

여성만 그런 것은 아니다. 누구든지 사랑받으려고 하는 사람은 영원히 사랑받을 짓을 하려고 그의 본성에도 맞지 않는 말과 행동을 계속해야 한다. 그러니 지금이라도 '사랑받지 않을 용기'를 결단하고 '사랑하려는 거룩함'에 헌신해야 할 것이다.

사랑

이 세상에 절대적으로 필요한 것은 사랑이다.

기억

서구, 서구인, 서구 기독교, 서양 철학은 경쟁의 기반 위에 서 있다. 많이 배우고, 힘을 키워 열심히 살고, 돈 많이 벌어서 남을 이기는 것이 곧 승리라고 생각한다.

그러나 예전의 우리는 그렇게 자라지 않았다. 우리 부모들은 우리를 그렇게 가르치지 않았다.

내가 죽은 후 나를 아는 사람들은 나를 어떻게 무엇으로 기억할까? 설교? 강의? 글? 책? 활동? 목회? 참 좋은 사람, 참 정직한 인간, 참 사랑이 많은 사람이라고 기억해주는 사람이 얼마나 있을까?

소통

똑같은 언어를 사용하는데도 소통이 안 되는 사람도 있고 제각기 다른 언어를 사용하는데도 소통이 되는 경우가 있다. 말이 다른데 소통이 되는 것은 기적이거나 예술이다.

오순절 사건은 기적이고 모차르트의 음악은 신비이다. 소통이란 나와 네가 하나가 되는 것이 아니라 나와 네가 다른데도 불구하고 함께 느끼고 사랑하고 공감하는 것이다.

문제는 언어가 아니라 사랑의 능력이다.

분별하는 사랑

사랑은 분별이기 때문에 맹목적이지 않다.

사랑은 희생이기 때문에 무한할 수도 없다.

겸손하게

사랑은 우리를 겸손하게 만든다. 사랑은 우리가 자기 자신을 제어할 수 없는 존재라는 것을 깨닫게 해주기 때문이다. 사실 우리는 사랑을 하는 것이 아니다. 우리는 통제 능력을 상실한 채 사랑에 빠지는 것이다.

항복

사랑은 항복이다.

사랑에 빠지면 자신의 약점이 드러나게 된다.

그리고 자기 제어에 대한 환상을 포기하게 된다.

사랑으로 이어지는 사랑

사랑은 사랑으로 이어지고 미움은 미움으로 이어진다.
사랑하면 더 사랑하게 되고 미워하면 더 미워하게 된다.

"그대에게 주면 줄수록 내가 가진 것도 많아진다.

그 둘은 다 무한한 것이다."

셰익스피어의 말이다.

교만과 사랑

강한 자가 약한 자를 용서하는 것은 교만이다.
약한 자가 강한 자를 용서하는 것은 사랑이다.

인정해야 할 것

결혼생활은 서로 생각과 스타일이 다른 사람이 함께 맞추면서 사는 것이다. 국가도 서로 생각과 방법이 다른 사람들이 함께 공동체를 이루는 것이다. 민주주의란 생각과 이념이 다른 사람들이 타협하고 조정하고 균형을 만들어가는 과정이다. 종교란 서로 다른 신을 다른 방법으로 믿고 섬기는 사람들을 인정해야만 존재하는 것이다.

학교, 학문, 신학도 마찬가지다. 서로 다른 주장과 이론, 다른 방법론들이 뒤섞여 있는 곳이 학문의 세계다. 다른 생각, 다른 스타일, 삶에 대한 각각 다른 태도를 지닌 사람들과 같이 살아가는 것이 불편한 사람은 빨리 이 세상을 떠나야 한다. 그러나 그런 사람은 저세상에서도 살 수 없다. 저세상은 이 세상보다 훨씬 다양한 종류의 사람들이 섞여 있는 곳이기 때문이다.

위선자와 양심적 죽음

내가 다른 사람의 부족함을 인정하고 그의 부족한 것을 차츰 좋아하다가 그 부족한 것을 존중해주는 데까지 이르기에는 퍽 긴 시간이 필요했다. 내가 얼마나 부족한 인간인지를 깨닫는 데 든 시간이 그렇게 길었기 때문이다. 다른 사람의 불완전함을 존경해야 한다. 그 이유는 내가 바로 불완전한 인간이기 때문이다.

나는 우리 아이들의 미숙함을 보면서 웃는다. 내 미숙함이 그 속에 있기 때문이다. 타인에 대하여 관대해야 할 때

관대하지 못하면 내가 나에 대해서도 견디지 못하게 된다. 그러다가 결국 위선자가 되거나 아니면 양심적 죽음을 선택하게 된다.

한 명의 적

백 명의 친구보다 어려운 것은 단 한 명의 반대자이다. 백 명의 아군보다 더 무서운 것은 한 명의 적이다. 백 명이 내 편을 들어주어도 단 한 명이 나를 무너뜨릴 수 있다.

내가 지금 힘이 있고 강하다고 해서 다른 사람, 보잘것 없어 보이는 한 사람을 깔보고 무시하면 그 사람은 나를 아주 간단히 무너뜨릴 것이다.

우정

우정?

세상에서 만들어지는 관계 중에서 제일 위태로운 관계가 우정이다.

우정이 어렵다

사랑도 어렵고 우정도 어렵다.

나는 우정이 사랑보다 더 어렵다.

가까이 있던 목사 친구들과 자꾸만 멀어져간다.

관계 역전

잘 버티면 관계는 역전된다.

순수한 관계

상대에게 무엇을 주려고 하거나 상대에게서 무엇을 얻으려고 해서 만나는 관계는 피곤한 것이다. 순수한 관계는 줄 것도 없고 받을 것도 없이 만나는 것이다.

욕하면서 닮는다

사람은 욕하면서 닮아가는 법이다.

친구

아리스토텔레스는 친구는 나의 작품이고 친구를 보면 그 사람을 알 수 있다고 했다.

최고가 되는 것

최고가 되는 것은 아주 쉬운 일이다. 최고가 된 사람을 찾아서 그 사람보다 1점만 더 받으면 되니까!

그 사람을 아는 법

한 번도 만난 적이 없어도 그 사람의 글을 읽었으면 그 사람을 아는 것이다.

만남

삶이란 만남이다.

만남은 관계다.

관계은 빗장이다.

열 수도 있고 닫을 수도 있다.

계係는 잇는 것이다.

예수 흉 좀 보자

예수를 흉 좀 보면 안 되나요?

하나님을 흉 좀 보면 안 되나요?

부처님 흉 좀 보면 안 되나요?

'흉보기 시간'이 필요하다. 예수, 부처, 공자, 아버지, 어머니, 할아버지, 할머니, 선생님, 목사님, 친구들, 남편, 아내 흉을 좀 보자. 흉을 보는 데는 긍정적인 측면이 있다. 흉보기를 통하여 흉보는 대상과 흉보는 주체는 하나가 되기 때문이다.

겪어봐야 안다

정말 사람은 겪어봐야만 안다. 같이 먹고, 자고, 일하고, 이야기하고, 살아보아야만 알 수 있다. 멀리 있는 사람은 모른다.

두 가지 유형

나한테만 잘하고 나 이외의 다른 사람들한테는 잘못해 주는 사람. 나한테만 잘못해주고 나 이외의 다른 사람들한 테는 다 잘 해주는 사람. 당신은 이 두 사람 중에 어떤 사람 을 더 좋아하는가?

다름을 극복하는 두 방식

개인과 개인 사이뿐만 아니라 집단과 집단 사이에도 결 코 같을 수 없는 차이, 아무리 노력해도 하나로 만들 수 없 는 차이가 있다. 모든 차이에는 불가피하게 불편함과 그 불 편함이 쌓인 갈등이 있기 마련이다. 그게 역사요, 인간의 삶이다. 차이 하나로 만들 수 없는 다름, 불편함, 갈등.

그 차이와 다름을 싸움과 정복으로 극복해보려는 사람 과 나라와 집단과 이데올로기가 있다. 그러나 그 다름과 차 이를 덤덤하게 받아들이고 이해하는 것이 인생이요, 역사 려니 생각하면서 다른 것들과도 함께 살아가려고 하는 사 람들이 있다. 가능하면 서로 협력하고 협조하며 협동하면 서 살려고 하는 이들이 좋다. 좋은 정치, 좋은 경제, 좋은 문화, 좋은 종교는 그런 것이다.

모스크바와 서울의 지하철

모스크바Moscow의 지하철에서는 젊은이들이 노인들에게 깍듯이 예우한다. 왜 그러냐고 물었다.

"이 지하철은 저 노인들이 만든 겁니다."

한국에서 그 이야기를 젊은이들에게 했다.

반응은 이랬다.

"다 자기 월급 받으면서 일한 것이지 우리를 위해서 고생한 것은 아니잖아요?"

똑같은 사실을 두고 왜 이런 판이한 대답이 나올까?

오늘 우리 시대의 위기는 인간관계의 황폐화다.

없는 듯이 있는 사람

없는 듯이 있는 사람, 그는 모임에 참석했지만 아무도 그가 참석했다는 것을 인식하지 못한다. 그는 아무 말도 없이 그냥 조용히 앉아만 있기 때문이다. 그러나 그가 모임에 참석하지 않으면 모든 사람이 그가 없다는 사실을 금세 인식한다.

참석했을 때는 눈에 띄지 않지만 결석했을 때는 그 자리가 텅 비어버리는 존재, 이것이 바로 '없는 듯이 있는 사람'이다.

아름다운 사람

무릇 모든 것에 완전하게 실패한 사람을 끝까지 믿고, 따라가는 사람은 아름다운 사람이다.

민주주의 위기

요즘은 프랑스의 경제학자 피케티Thomas Piketty가 쓴 『21세기 자본』이 크게 주목을 받고 있다. 그는 이 책에서 '트리클다운Trickle down' 이론을 깨뜨렸다. '위에 있는 통에다 물을 가득 채우면 그 물이 흘러넘쳐서 아래의 통까지 흘러간다'는 경제학 이론이 '트리클다운' 이론이다. 기업가와 자본가들이 돈을 많이 벌면 노동자와 시민들까지도 좀 더 혜택을 받는다는 소리다.

그런데 피케티는 이 트리클다운 이론을 지난 100~300 년 사이의 각종 통계자료를 통하여 허구요, 거짓이라고 고발한다. 오늘날 이 세계는 가면 갈수록 더욱 빈부의 격차가 벌어지고 불평등한 사회가 되어가고 있다. 세계 최상위 1% 가 세계 부의 50%를 소유하고 있고, 세계 최상위 10%가 세계 부의 90%를 소유하고 있다. 노동소득율은 죽었다 깨도 자본소득율을 따라갈 수 없다. 불로소득자가 땀 흘려 일하는 근로소득자보다 늘 더 많은 돈을 번다.

위기

지금 우리 사회는 통치의 위기를 맞고 있다.
통치, 관리, 지배체제가 위기를 당했다.
무엇이 최고의 가치인지를 잃어버렸다.

리더

리더는 어떤 일이 벌어졌을 때 그 일을 통해서 그 다음에 나타날 조짐을 읽을 수 있는 예민함이 있어야 한다. 조짐을 읽을 수 없다면 그는 리더가 아니다.

미국

이라크 정부는 여러 차례에 걸쳐 계속해서 '우리에게는 대량 살상무기가 없다'고 했음도 불구하고 미국 정부는 일부 중동문제 전문가라고 자처하는 학자들의 말을 믿고 이라크를 침략했다. 그런데 지금 김정은 정권은 계속해서 핵실험을 하고 장거리 미사일을 쏘아대며 '우리는 핵무기가 있다. 남한과 미국을 초토화 시키겠다'고 공언하고 있는데도 미국 정부는 왜 김정은 정권의 말을 믿지 않고 가만히 있는가? 미국 정부의 속셈은 언제나 숨겨져 있다. 김정은 보다 훨씬 거짓말을 잘하고 속을 알 수 없는 것이 미국이라는 나라가 아닌가?

위임

위임을 잘하는 것은 지도자의 능력이다. 책임은 내가 지고 권한은 남들에게 잘 넘기는 것이 지도자의 능력이다.

전쟁도 예술이던 시절

예전에는 전쟁도 예술이었다. 수만 명이 싸우고서도 사망자가 한 명도 없는 전쟁도 흔했다. 군인들은 대부분 용병이었고 전쟁은 왕과 귀족들의 다툼이었기 때문이다.

그런데 현대전은 정치인들이나 권력자들이 자신들의 이익을 위해서 싸우면서도 그것을 국민적, 국가적 전쟁으로 선전했다.

교육을 통해서

애이불교수축지야愛而不敎 獸畜之也.

윤기尹愭의 「잡기雜記」에 나오는 말이다. 사랑하기만 하고 가르치지 아니하면 이는 짐승을 기르는 것과 같다. 사자나 호랑이도 제 새끼를 사랑한다. 그러나 짐승에게는 교육이란 없고 사랑과 양육만 있다. 사람은 교육을 통해서 사람이 되어가는 것이다.

민주시민 없는 민주주의

한국은 민주주의 국가라고 한다. 그런데 민주주의자는 적다. 민주주의 시민이 적은 사회가 민주주의 국가가 될 수는 없다. 민주적 시민이 많아져야 민주주의 사회가 된다.

민주적 시민이란 어떤 사람일까? 어디서든지 스스럼없이 자기의 생각과 주장을 말하고 또 남들의 생각과 주장에 귀를 기울이는 사람이 민주적 시민이다. 우리의 가정과 학교와 교회와 사회 어디에도 민주적 시민이 없다. 그러니 민주주의가 있을 수가 없다. 공부를 하고 1등 하는 사람들은 많아도 민주적 시민은 없는 사회가 어찌 민주주의 나라가 될 수 있겠는가?

욕심을 이기는 사람

우루과이의 전 대통령 호세 무히카Jose Mujica는 가난한 대통령이 아니라 욕심 없는 대통령이었다고 칭찬받는다. 인간의 본성을 거스르면서 욕심을 이기는 사람이 되려고 그는 얼마나 노력을 했을까?

참 위대한 인간이다. 존경스럽다.

가만히 있고 싶은 권리

인간은 소란을 좋아하고 움직이기를 추구하는 존재다. 인간의 모든 불행은 가만히 있을 줄을 모르는 데서 나온다. 다른 사람들에게 '떠들지 말고 가만히 있어라'라고 말하는 것은 옳지 않지만 스스로 가만히 있어 하는 사람에게 가만히 있지 못하게 하는 것도 잘못된 일이다. 나는 어떤 때는 가만히 있고 싶다. 가만히 있고 싶은 권리가 있다.

선거로 세상이 바뀌는가?

선거는 세상을 바꿀 수 있는가? 선거는 정치를 바꿀 수 있는가? 선거는 거짓을 진실로 바꾸는가? 선거는 불의를 정의로 바꾸는가? 선거는 악을 선으로 바꾸는가? 선거는 이 세상의 근본을 바꾸는 힘이 있는가? 북한의 선거, 중국의 선거에 대해서는 말하지 말자. 미국의 대통령 선거, 영국의 국회의원 선거, 프랑스 정부, 한국의 정부는 모두 선거를 통하여 새롭게 정치권력을 장악했다. 그래서 미국도, 영국도, 프랑스도, 한국도 무엇인가 좀 바뀌고 변화되고 새로워진 것이 있는가? 선거는 세상을 바꿀 수 있는가?

1968년 일어난 '프랑스의 68운동'은 말한다. 선거는 아무것도 바꾸지 못한다고.

한국에서 살기 좋은 사람

2016년과 2017년 한국의 촛불집회와 그 촛불집회로 인한 정치권력의 변동이 한국을 민주적 시민사회로 바꾸어 가는 계기가 되었는가? 아니다. 한국은 늘 그랬지만 유교적 통치 체제를 좋아하는 나라다. 반민주적, 비타협적, 타율적 사고와 여전한 불평등은 영웅사관 속에서 벗어나지 못한다. 그래서 여전히 한국은 돈 있고, 많이 배웠고, 권력을 손에 쥔 사람들이 가장 살기 좋은 나라이다.

자본주의

자본주의는 농산물, 공산품만 팔고 사는 것이 아니다. 자본주의는 서비스, 소위 봉사와 섬김이라는 것까지도 팔고 산다. 웃음도 친절도 봉사도 사랑도 다 돈으로 매매하는 것이 자본주의다. 자본주의는 하나님도 판다. 기도, 찬양,

설교도 팔고 산다. 몸도 마음도 정신도 신앙도 사고 파는 구조가 자본주의다. 이 '생산과 소비' 속에는 포함되지 않는 것이 하나도 없다.

신자본주의 시장과 현대

'당신이 먹는 것이 바로 당신입니다. 당신이 타는 차가 곧 당신입니다. 당신이 입는 옷이 바로 당신 자신입니다. 당신이 사는 아파트가 바로 당신이 누군지를 말해줍니다.'

미디어와 광고는 날마다 천국 그림 잘 보여주면서 천국에 들어가려면 무엇이 필요한지를 가르친다. 완벽한 비주얼, 유창한 영어 발음은 청빈, 근검, 절약이라는 고전적 덕목을 대신하여 나타난 새로운 구원의 약속이라고 소리 지른다. 칼빈주의는 사라지고 소비주의가 기독교를 대신한다.

경주 최 부잣집

아담 스미스Adam Smith는 '돈을 버는 길'과 '덕을 쌓는 길'이 있다고 했다. 돈을 버는 길에는 반드시 관용, 인간애,

친절, 동정심, 우정을 배우는 과정이 포함되어야 한다. 그 이론에 적당한 예가 한국에 있다.

경주 최 부잣집은 무려 12대, 300년을 이어온 부잣집이다. 최 부잣집의 가훈은 이렇다.

"찾아오는 객은 귀천을 따지지 말고 후하게 대접하라. 흉년에는 땅을 사지 마라. 시집온 며느리는 3년간 무명옷을 입어라. 사방 백 리 안에는 굶어 죽는 사람이 없도록 하라."

자본주의의 비극

늘 편안한 삶, 편리한 도구들만 추구하다 보면 조그만 불편도 견디질 못하게 되고 불편한 것이 곧 불행한 삶이라고 단정하게 된다. 자본주의가 가져다준 최고의 비극이 여기 있다. 돈, 물질, 권위, 권력, 지식, 명예가 자본주의와 어깨를 나란히 하고 우리를 불행으로 인도한다.

세습

공동의 재산을 소수의 지주에게 세습하는 것은 한국의

재벌이나 북한의 김씨 왕조나 똑같다.

거대 자본

자기는 나서지 않고 정치를 앞세우면서 삶을 송두리째 옥죄는 것이 거대 자본이다. 그들은 보이지 않는 곳에서 은밀한 손을 통해 법과 제도를 바꾸고 국민의 피땀으로 세운 공기업들을 민영화한다.

자본주의와 전쟁

나쁜 평화가 없듯이 좋은 전쟁도 없다. 마치 소비가 미덕이라고 말하듯이 전쟁도 미덕이라고 선전하는 것이 자본주의 체제이다. 자본주의의 발달은 제국주의의 팽창 과정이었다. 자본주의 아래에서는 전쟁을 멈출 수가 없다. 대체로 10년 주기로 대규모 전쟁이 있었다.

자본 축적의 논리

자본주의에서의 생산과 소비는 사람들의 삶을 중심으로 결정되는 것이 아니라, 자본 축적의 논리에 따라 결정된다.

양심적 비납세운동

국가폭력을 가능하도록 하는 것이 돈이다. 세금을 내는 것에 대하여 왜 고민하지 않는가? 국가폭력의 원천이 되는 세금에 대하여 양심적 비납세 운동은 불가능한가? 마치 양심적 병역거부와 같이 양심에 따른 납세 거부운동이 있어야 하지 않을까? 내가 낸 세금으로 호주 정부가 크리스마스 섬에 소년원을 짓거나 통관보호조치를 하겠다고 해군 함정을 보내는 것에 나는 반대한다.

자본주의와 돈

오늘날 자본주의 사회에서의 모든 선택(예를 들면 학교 선택, 교회 선택, 물건 선택, 배우자 선택, 심지어는 안락사와 같은 생명 선택까지)은 개인의 호불호好不好 문제가 아니라 자본, 돈, 경제에 의해서 영향을 받는다.

신자유주의

신자유주의는 신분주의rankism이다.

"내가 누군지 알아?"

자본과 자본가에게는 무한한 자유가 있다.

아랫사람, 월급쟁이, 노동자는 영원한 노예가 된다.

학교폭력

학교폭력은 신분주의가 빚어내는 또 다른 현상이다. 신분주의의 위험수위를 여기서 발견한다. '일진'은 더 이상 가난하고 공부 못하는 아이들이 아니다. 교실 내의 위계는 사회의 위계를 그대로 닮았다. 가진 게 많은 아이들, 금수저 물고나온 아이들, 지배문화의 요구에 가장 잘 부응하는 아이들이 꼭대기에 있다. 그 반대 아이들이 바닥에 있다. 위에 앉은 아이들이 아래 있는 아이들을 괴롭힌다. 별다른 이유가 없다.

"그냥, 심심해서…."

"장난삼아…."

학교는 겉으로는 존중을 이야기하지만 실제로는 경멸을 가르친다. 공부 못하는 아이들을 모욕하고, 가난한 아이들을 투명인간 취급한다. 힘센 어른들이 막 해도 된다는 것을 몸으로 가르쳐준 그대로 한다. 겉치레로 하는 말과 진짜 메시지를 구별할 줄 아는 우리 아이들은 참 영리하다. 그래서 자기보다 못한 아이들을 경멸함으로 어른들과 학교가 가르친 것을 실천한다.

지금 우리 아이들은 사회에 나갔을 때 꼭 필요한 두 가지 기술—경멸하는 법과 경멸에 대처하는 법—을 익히는 중이다. 바버라 콜로로소Barbara Coloroso는 학교폭력이 발생했을 때 중재위원회를 열어 가해자와 피해자를 불러 화해시키는 관행을 비판했다. '괴롭히는 것은 갈등의 문제가 아니라 경멸의 문제'인데 그것은 화해가 될 것이 아니라는 것이다. 단순한 갈등 문제라면 화해가 가능하다. 그러나 경멸과 모독의 문제는 화해로 풀 수가 없다는 것이다.

괴롭히는 아이들은 어른들 앞에서 후회하는 척하고 잘

못했다고 빈다. 그러나 이것은 연극이다. 자기 부모나 선생님이 그렇게 하는 것을 잘 보고 배웠기 때문이다. 그 자리를 떠나고 나면 또 다시 보복의 기회를 노린다. 표적이 되는 괴롭힘을 당하는 아이들은 그 보복이 두려워 자기들의 진술을 번복하고, 자기가 거짓말을 했다고 한다. 괴롭힘은 계속된다.

벌거벗은 생명

일본에는 아직도 약 4천여 개 정도의 '부라쿠部落'가 있고 3백만 정도의 '천민'들이 있다. 그들은 비인非人(히닝)으로 취급된다.

『벌거벗은 생명』에서 말하는 '호모 사케르Homo sacer'처럼 우리는 지금 비인을 생산하고 있다. 박탈당한 인간, 장애인들, 도시 빈민들, 비정규 노동자들, 자본주의 사회에서 소외된 이들. 이들은 동정의 대상은 되지만 함께 살 수는 없는 비인이요, 부라쿠 사람이다. 박탈당한 사람들, 호모 사케르이다.

사형제도를 반대하는 이유 1

사형제도에 왜 반대하는가?

법의 불완전성, 법을 집행하는 구조와 조직과 개인의 불완전성, 휴머니즘적 태도, 종교적 용서와 사랑 등등 때문이다.

사형제도를 반대하는 이유 2

사형은 근본적으로 국가라고 하는 조직이 저지르는 폭력이다. 국가는 살인을 해도 되는가?

아니다.

휴머니즘

고민 없이 가장 안전하게 자신을 보호해주는 것이 휴머니즘이다. 휴머니즘을 넘어서야 할 이유는 자신을 보호할 것이 아니라 잊혀진 이들을 기억해야 하기 때문이다.

결손가정

디모데 집은 다문화가정이다.
예수 집은 결손가정이다.

악

모든 악은 어제 오늘 새롭게 생겨난 것이 아니다.
새로운 악은 없다.
예전부터 있었던 악이 재현된 것이다.
세상이 악한 것이 아니라,
악이 세상을 악하게 만든 것이다.

미안한 일

이 별일 많은 세상에서 별일 없이 산다는 것은 참 미안한 일이다.

시어(詩語)

시란 세상의 아름다움을 노래할 것이 아니라 슬픈 이들을 위로해주고 죄인들을 용서해주는 것이어야 한다.

올바른 역사 교과서

사람들은 올바른 것을 참 좋아한다. 올바른 교회, 올바른 신앙, 올바른 종교, 올바른 문학, 올바른 역사, 올바른 세상, 올바른 가정, 올바른 정치 등등 올바른 것을 좋아하고 추구하며 올바른 그 무엇이 있을 것이라고 믿는다. 그러나 올바른 것은 없다. 적어도 '올바른 것'은 하나만이 아니다.

'올바른 역사 교과서'를 만들겠다고 한다. 그렇지만 대통령도, 교육부 장관도, 여당 대표도 올바른 역사 교과서를 만들 수 없을 것이다. 올바른 것이란 본래부터 없는 것이기 때문이다. 올바른 것이란 존재하지 않는다는 사실만 올바르다. 모든 올바른 것들은 변해왔고, 앞으로도 변할 것이다. '변하지 않는 올바른 것'은 없다. 진정으로 '올바른 것'은 끊임없이 변한다.

지배

70년 전 일본의 식민지에서 벗어난 우리나라. 70년 전 미국과 소련의 식민지 국가가 된 우리나라. 예전과 지금의 식민지 체제는 어떻게 다른가?

처음은 군사적, 폭력적 체제가 비슷했다. 그러나 세월이 흐르면서 구체제와는 다른 체제의 식민지 국가가 되었다. 구체제는 35년간 지배했고, 새로운 체제는 70년간 우리를 지배했다. 배나 되었다. 물리적 폭력보다 훨씬 잔인한 것이 물질적 힘이다.

프란츠 파농Frantz Fanon, 루윈Albert Lewin, 타고르 Rabindranath Tagore. 특히 프란츠 파농은 제3세계 흑인으로서 정신적 식민지를 벗어나려고 몸부림쳤다.

폭력을 멈추게 하는 비폭력

폭력을 멈추게 하는 폭력은 없다. 폭력을 멈추게 하는 것은 오직 비폭력뿐이다. 간디와 넬슨 만델라Nelson Mandela, 마틴 루터킹Martin Luther King이 증인들이다. 아웅산 수지 Aung San Suu Kyi 여사도 한때는 훌륭한 선생이었다.

폭력을 거부하는 이유는 그것이 효과가 없다는 것이 이미 증명되었기 때문이다. 폭력은 악순환만 가져온다. 증오심과 복수심만 불타오르게 한다.

한편 비폭력이 어려운 것은 그것이 자신을 정복하는 일이기 때문이다.

독일과 러시아

제2차 세계대전은 1941년부터 1945년까지 유럽에서 독일을 상대로 치룬 전쟁이다. 이 전쟁에서 미군과 영국군 약 40만 명 정도가 죽었다. 제2차 세계대전에서 죽은 러시아군은 약 800만 명이다. 미군과 영국군 사상자의 20배이다. 러시아의 군인과 민간인 사상자 총계는 아무도 모른다. 약 2천만 명 이상이라고 본다. 당시 한반도 총인구만큼 죽었다.

러시아에서는 청년들 100명 중 10명 정도가 살아서 돌아왔고 그중에 사지가 멀쩡한 청년은 한 명꼴이었다. 독일과 러시아의 전투에서는 하루에 죽은 사람이 양측 모두 10만 명이 넘은 날도 있었다. 상트페테르부르크에서는 도시

인구의 삼분의 일인 100만 명이 굶어 죽었다. 독일도 러시아와의 전투에서 300만 명이 죽었다.

제2차 세계대전은 사실상 독일과 러시아의 전쟁이었다. 실제로 독일은 러시아 전선에 모든 전투력의 80~90%를 투입했다. 러시아 군대는 독일군의 기관총 위에 망치와 삽을 들고 몸을 날렸다. 러시아는 베를린을 점령하는 데만도 30만 명의 목숨을 잃었다. 이런 비극을 겪은 러시아는 매년 5월 9일 아침 10시 모스크바 러시아 정교회에서 2천만 명의 죽은 영혼을 달래는 종을 울린다.

역사와 문화의 원동력

불의 발견, 물의 존재, 흙이라는 바탕, 손이라는 도구. 불, 물, 흙, 손 이 네 가지가 수렵과 농업과 과학을 발전시키는 원동력이 되었고 후에는 민주주의, 자유, 평등을 확장시키는 출발이 되었다.

최초의 가축

수렵시대 말기에 인간들은 몇몇 순한 동물들을 잡아서 길들이기 시작했다. 개, 양, 돼지가 처음 길들인 짐승이고 그것들이 가축이 되었다. 그중에서 제일 순하고 별로 먹이를 주지 않아도 스스로 자기 먹을 것을 해결하고 죽은 다음에는 하나도 버릴 것이 없는 것이 양이었다. 그래서 양은 인간의 농경정착과 더불어 시작된 최초의 가축이 되었다.

농업의 발전

'Culture'는 라틴어 'Cultum'에서 유래했다. 'Cul-'은 농사를 뜻하는 단어의 어근이다. Cultivation! 농업의 발전은 문명, 철학, 종교를 낳았다.

추장 시애틀의 편지

1855년 미국 대통령 프랭클린 피어스Franklin Pierce는 지금의 워싱턴 주에 살던 인디언들에게 그 땅을 팔라고 했다. 그때 그 곳의 추장이었던 시애틀Seattle이 미국 정부에 보낸 편지 중 한 부분이다.

"그대들은 어떻게 저 하늘과 땅의 온기를 사고 팔 수 있는가? 공기의 신선함, 반짝거리는 물방울은 우리의 소유가 아니다. 그러니 우리는 그것을 팔 수 없다. 우리에게는 땅만이 아니라 땅에 있는 모든 것, 솔잎, 안개, 온갖 벌레들과 새들이 다 신성한 것들이다. 그것들은 우리 것이 아니니까 우리는 팔 수 없다."

History

History는 Story를 바탕으로 엮어진다. Story에는 여러 가지 뜻과 교훈이 있다. 한 가지 Story에도 다양한 의미와 교훈이 담겨있다.

역사의 비극

인류의 역사가 아픔을 반복하는 것은 정치가들이 잘못해서가 아니다. 경제인들이 잘못해서도 아니다. 종교인들의 탓도 아니다. 인간에게 내재된 욕망을 극복할 줄 모르기 때문에 역사는 비극을 반복한다.

호부견자

조선을 지배한 일본이 조선에 보낸 7대 총독 미나미는 '내선일체' 정책을 내세우면서 창씨개명, 일본어사용, 조선 민족 문화 없애기를 펼쳤다.

1939년 미나미는 안중근 의사에게 죽은 이토 히로부미의 아들 이토 쿠니를 앞으로 불러냈다. 그리고 동시에 안중근의 아들 안준생도 불러냈다. 소개받은 두 사람은 연단 위에서 마주섰다. 이토 쿠니가 오른손을 내밀었다. 안준생은 허리를 숙여 인사하며 두 손으로 악수를 받았다. 두 사람은 손을 마주 잡고 용서를 빌고 또 용서해주었다. 눈물의 화해가 이루어졌다. 지금은 없어졌지만 신라호텔 영빈관 자리에 있던 '박문사'에서 있었던 일이다. 사람들은 안준생을 '호부견자虎父犬子'(호랑이 같은 아버지에 개 같은 아들)라고 불렀다. 안준생은 '그럼 나더러 어쩌란 말인가'로 답했다.

평등

"신은 인간을 만들었고 인간은 총을 만들었다."

서부 개척시대의 말이다.

신도 인간을 평등하게 만들었고,
총도 사람들을 평등하게 만들었다.

개념을 바꾸면

개념을 바꾸면 사건의 성격이 달라진다.

콜럼버스Christopher Columbus의 신대륙 '발견'을 신대륙 '점령'이라 하고 '태평양 전쟁'을 '대동아 전쟁'이라고 하면 완전히 달라진다. 나치는 '강제이송'을 '재정착'이라 하고 '유대인 학살'을 '최종 해결책'이라 했다.

무지 때문

역사의 비극, 삶의 고통은 악과 불의에서도 생겨나지만, 인간의 무지와 어리석음에서도 생겨난다.

언어와 문자

언어는 소통의 도구가 아니다. 언어는 제각기 다른 목표를 지닌 사람들 사이에서 다른 사람들에게 자신을 숨기기 위한 도구이다. 남자와 여자, 어른과 아이, 권력자와 백성들, 장교와 사병, 진짜와 가짜는 모두 다른 목표를 지니고 말을 한다.

모든 문자와 언어는 지배의 도구이다. 라틴어는 성직자들이 평신도들을 지배하는 도구였다. 한자는 왕과 관리들이 백성들을 지배하는 도구였다. 영어는 영국인들이 원주민들을 지배하는 도구였다.

이슬람의 창시자 마호메트Muhammad는 문맹이었다. 마호메트는 글에 예속되지 않는 신적 존재였다. 그 대신 마호메트 이외의 모든 무슬림들이 글자에 예속되어야 했다.

기계와 인간

효율성, 생산성, 경쟁력, 기계화는 인성을 파괴한다. 기계는 인간을 비인간화한다. 1801년 영국에서 일어난 러다이트 운동은 기계 파괴 운동이었다. 기계가 사람을 파괴하는 시대 앞에서 투쟁을 시작한 것이다. 기계의 효율성이 노동시간의 단축과 노동 경감으로 나타난 것이 아니라 노동자의 해고와 실직으로 연결되었다.

베토벤: 자유

베토벤은 칸트나 헤겔과 마찬가지로 계몽주의와 이성주의의 터전 위에서 그의 음악 세계를 창조했다. 그것은 인간의 자유다. 자유 정신이다. 운명, 합창, 영웅 등 그의 피아노 소나타, 피아노 협주곡, 오페라, 피델리오, 현악 4중주곡에서 키워드는 자유다. 그는 계몽주의에 앞장선 영원한 자유주의자다.

"운명아! 비켜라! 내가 나선다! 빠바바밤." 이 모티브가 뭐냐면 '비켜라! 내가 간다! 자유다!' 이것이다. 환희Freude는 환희가 아니다. 사실은 자유Freiheit다! '환희의 송가'가 아니라 '자유의 송가'다. 시인 프리드리히 실러가 본래 하고 싶었던 말도 환희가 아니라 자유였다.

베토벤: 자유와 조화

베토벤의 최후작품인 현악 4중주 16번 'String Quartet

No. 16, F maior op. 135'은 교향곡으로 출발해서 현악 4중주로 끝난다. 주제는 '따로 그러나 또 함께'이다. 4개의 악기가 따로 논다. 독립적이다. 그런데 완전하게 하나를 이룬다. 모두 다 자유다. 따로따로 논다. 그러나 또 함께 호흡을 맞추고 같이 논다. 이 악보에 쓰인 베토벤의 낙서를 기억하라.

"고통스럽고 힘들게 내린 결심Der schwer gefasste Entschluss."

"꼭 그래야만 하나? 그래야만 한다Muss es sein? Es muss sein!"

이것이 베토벤의 일생이다.

베토벤: 유언

베토벤의 유언에는 여러 버전이 있다.

"안타깝네, 안타까워, 너무 늦었어!"

"친구들이여, 박수를 쳐라. 연극은 끝났다!"

"하늘나라에서는 들을 수 있겠지, 그 소리를."

밀이 쌀을 지배하다

밀을 먹는 서양은 쌀과 옥수수를 먹는 동양을 지배했다. 왜일까? 쌀은 그냥 농업인데 밀은 농업과 과학을 결합한 먹거리이니까 그렇다. 쌀은 통으로 밥을 해서 먹는데 밀은 가루를 내서 빵, 국수, 과자를 만들어서 먹어야 했다. 기계를 만들어 분쇄하는 과정부터 시작하여 과학적 노력이 곁들여졌다.

차와 커피

물이 좋지 않아 포도주와 맥주를 물 마시듯 하던 영국, 프랑스, 독일 사람들에게 차와 커피가 들어온 이후 찻집과 카페가 늘어나기 시작했다. 이것이 프랑스에서는 살롱으로 발전했다. 티 룸, 커피 하우스 그리고 살롱에서는 점점 취기가 사라지고 토론 문화가 발전하게 되었다. 결국 차와 커피가 유럽에서 계몽주의와 민주주의의 발상이 되었다.

빵

빵은 그리스에서는 '피타pita', 터키에서는 '피데pide', 로마에서는 '빠네pane'와 '파스타pasta', 포르투칼에서는 '빤pan'이었다. 그리고 이 '빤pan'이 일본에 와서 '빵'이 되었다. 영주를 뜻하는 영어 'lord'는 '빵을 지키는 사람'이다. lord를 대문자 Lord로 쓰면 '하나님'이 된다. 빵이 하나님의 몫이고, 예수의 몸이고, 종교가 된다.

밀가루 1

밀가루에는 강력분, 박력분, 중력분이 있다. 강력분은 강력하게 접착이 된다. 빵을 만든다. 박력분은 부드럽다. 과자를 만든다. 중력분은 그 중간이다. 국수를 만든다.

밀가루 2

예전 우리나라에서는 밀가루가 귀했다. 우리나라처럼 비가 많이 오는 곳에서는 쌀농사가 발달한다. 밀은 습도가 적고 비가 덜 오는 곳에서 주로 재배된다. 따라서 우리나라는 밀을 재배하기에 적당하지 못하다. 그리고 교역도 활발하지 못한 시대였기 때문에 밀가루가 귀해서 잔치 때, 결혼식 때, 회갑연 때나 국수를 먹을 수 있었다.

"언제 국수 먹게 해줄래?" 국수 앞에 '잔치'를 붙이는 이유는 거기에 있다. 국수는 귀한 음식이었다. 그러나 유럽은 밀이 잘 되는 땅이어서 국수가 서민 음식으로 자리를 잡았다. 그래서 프랑스처럼 서양 음식의 자존심을 내세우는 곳에서는 국수 요리가 거의 없다.

국수 문화의 원조는 중국이다. 실크로드를 통하여 일찍부터 아랍, 유럽과 교역을 하면서 밀을 비롯한 서양의 식재료가 들어와서 중국 전역으로 확대되었다. 중국은 차, 도자기, 비단을 유럽으로 보내고 유럽에서는 아라비아 숫자, 나침반, 밀을 들여왔다. 중국에서 발전된 국수 문화는 북방에서는 볶음국수로, 남방지역에서는 국물이 있는 면으로 정착했다. 남방 짬뽕, 북방 짜장면이라고 할 수 있겠다.

우리나라에는 밀가루가 귀해서 국수는 제사나 혼례 때나 쓰였다. 서민들은 밀가루 대신 메밀로 국수를 만들어 먹었다. 이것이 냉면이고 막국수이다. 일본에서는 '소면'이라고 한다. 막국수의 '막'자는 안 좋다는 뜻이다. '막장 드라마,

막말, 막 간다'처럼 안 좋은 뜻으로 쓰인다.

이탈리아에서는 파스타가 발전했다. 파스타 모양도 가지가지다. 나비, 꽃, 수레바퀴, 나사, 펜 등이다. 색깔도 흰색, 노란색, 파란색, 갈색 등으로 발전시켰다. 이탈리아는 도시마다 다른 파스타를 만들었다. 파스타는 국수를 총칭하는 말이고 스파게티는 파스타의 한 종류로서 면이 가늘고 긴 것을 말한다. 이탈리아로 인해 파스타는 긴 것, 짧은 것, 네모난 것, 세모난 것 등으로 발전하게 되었다.

테이블 매너

주로 뜨거운 음식을 먹었던 중국이나 한국, 일본에서는 일찍부터 젓가락, 수저, 각종 식기들이 발달했으나 빵을 주식으로 했던 유럽은 르네상스 이전까지 모든 식사를 손으로 했다. 수저가 필요 없는 음식이었기에 유럽에서 포크, 나이프, 각종 식기가 발전한 것은 훗날에 이루어졌다. 테이블 매너라는 것도 우리나라나 중국이 일찍 발달했지 유럽에는 그런 매너가 없었다. 그런데 요즘 와서 서양 사람들이 우리에게 테이블 매너 이야기를 하는데 참 가소롭다.

커피와 계몽주의

커피는 에티오피아 '카파Kaffa' 지역의 이름에서 유래되었다. '카파'에서 목동들이 이상한 열매를 발견했다. 그 나무의 열매를 먹은 양 떼들이 활기차게 움직이는 것을 발견했는데 후에 알아보니 그 열매 속에는 카페인의 각성효과가 있었던 것이다. '카파'에서 발견된 커피나무의 열매가 커피다. 이 커피가 아랍을 거쳐 유럽으로 건너갔다. 처음에는 이슬람의 물, 악마의 검은 차라고 거부했으나 1650년 옥스퍼드에 그랜드 커피하우스가 생기면서 커피가 당대의 음주문화를 대신하게 되었다.

커피는 술판이 벌어지던 곳을 문화, 예술, 토론, 과학의 담론장으로 바꾸었다. 커피집에서 영국왕립학회가 결성되어 아이작 뉴턴Isaac Newton, 마이클 패러데이Michael Faraday, 찰스 다윈Charles Robert Darwin 등 과학자들이 나오게 되었다. 여기서 이론, 합리, 경험 등이 논의되었다. 커피는 계몽주의를 만드는 싹이 되었다.

녹차와 홍차

차는 두 가지가 있다. 채취한 찻잎을 그냥 물에 우려서 마시는 것은 '녹차'라고 한다. 녹차는 한국이나 일본같이 맑은 물, 즉 연수軟水, 단물에서 그 향과 맛이 난다.

채취한 찻잎을 발효시켜서 마시는 발효차가 있다. 그것은 홍紅차, '붉은 차'다. 영어로는 'Black tea'다. 발효된 찻잎이 검붉기 때문이다. 홍차는 중국이나 유럽같이 석회석이 많은 경수에 더 적합하다. 홍차는 떫은 맛이 강하다. 그래서 홍차는 설탕을 넣고 심지어는 우유도 넣는다. 영국 왕실의 전통이 그랬다. 이것이 로얄 밀크티라고 하는 블랙 라떼의 유래다. 당시에 그 비싼 설탕을 넣을 수 있는 자가 왕실 아니면 어디 있었겠는가?

특히 영국인들이 차를 즐기게 된 것은 춥고 습한 긴 겨울을 지닌 땅에서 맥주나 진 같은 술보다는 홍차가 훨씬 더 건강에도 좋고 격조 있게 느껴졌기 때문이다. 그리고 영국인들은 차 받침이 없는 찻잔은 절대로 쓰지 않았다.

소금

라틴어로 소금은 'sal'이다.

여기서 'salary'가 나왔다.

옛날에는 소금을 월급으로 주었기 때문이다.

'salad'도 '소금에 절였다'는 뜻이다.

힘을 빼라

힘을 빼라.

더 힘을 빼라.

그냥 부드럽게 공을 맞히겠다는 생각만 해라.

꼭 골프만 그런 것이 아니다.

인생살이가 다 그렇다.

동물의 왕국

내 아내 이길남의 말에 의하면 돌아가신 장인어른 이우
호 목사님은 TV 프로 중에서 '동물의 세계'를 제일 재미있
게 보셨다고 한다. 주로 아프리카 밀림에서 사자를 비롯한

맹수들과 그들의 먹이감들 사이에서 벌어지는 약육강식과 먹이사슬을 다룬 다큐멘터리가 '동물의 세계'이다.

지금 나는 청와대나 백악관이나 국회를 비롯한 정치 동물의 세계, 각종 연예계나 스포츠 세계가 보여주는 문화 동물의 세계, 언론이나 신문, 방송과 거기에서 일어나는 미디어 동물의 세계, 대학과 교수들과 각종 연구소에서 벌어지는 학문 및 학자 동물의 세계, 교회와 절간과 각종 사이비 종교인들이 펼치는 종교 동물의 세계 그리고 지금, 내 마음속에서 찢기고 더럽혀진 인간 동물의 세계를 보고 있다.

TV나 신문을 본다. 매일 새로운 동물의 세계 다큐멘터리가 펼쳐진다. 인간은 이미, 오래전에 인간임을 포기해버리고 짐승들 중 하나가 되었다. 생긴 것만 아프리카의 동물들과 다를 뿐이지, 그 내장과 두뇌와 생각과 심보는 하나도 다를 것이 없는 짐승이다.

부끄러움? 없다!

사랑? 거짓말이다!

진리? 웃기는 거다!

명예심? 처음 듣는 단어다!

거룩성! 그런 단어도 있나?

정치인들, 경제인들, 연예인들, 학자들, 지식인들, 종교
인들, 사회운동가들, 그들만 짐승이고 그들만 동물의 세계
에서 사는 게 아니다. 바로 나다! 내가 곧 짐승이고 내 마음
이 곧 동물의 세계이고 내가 사는 여기가 바로 아프리카 동
물의 세계다.